新版

教育と保育のための発達診断

発達診断の基礎理論

上

白石正久・白石恵理子 編

はじめに

　2009年に刊行された『教育と保育のための発達診断』は23刷を重ねるロング
セラーとなりました．この本をテキストに多くの方たちと学習・研修をすすめ
るなかで全面改訂に着手し，上下2巻本として発刊することになりました．
「発達診断の視点と方法」と題した下巻は2年前に発刊され，すでに多くの方
が手にとってくださっています．そして今回，上巻「発達診断の基礎理論」を
発刊する運びとなりました．

　本巻は5部からなります．

　「Ⅰ　子ども・障害のある人たちの権利と発達保障」では，発達理解，発達
診断はなぜ必要なのかを国際的な権利保障の歴史と現状から述べています．

　「Ⅱ　発達理論と教育・保育の実践」では，本書が依拠している「可逆操作
の高次化における階層─段階理論」の全体像と，この発達理論が教育・保育実
践とどのように結びつくのかを総論的に述べています．次頁にある発達段階図
とあわせてお読みください．

　「Ⅲ　発達の質的転換期とはなにか──その発見と実践研究」では，発達の
質的転換期に焦点をあて，各質的転換期がどのように発見されてきたのか，発
達保障の黎明期における近江学園，びわこ学園，乳幼児健診，保育園での障害
児保育等での実践からひもといています．

　「Ⅳ　障害と発達診断」は，自閉スペクトラム症と重症児をとりあげ，発達
診断で重視したいことを述べています．

　さらに「Ⅴ　ライフサイクルと発達診断の役割」では，就学前，学齢期，成
人期の各ライフステージにおいて発達診断がどのような役割を果たしているの
か，子ども・なかま本人にとってはもちろん，家族や学校，地域にとっての意

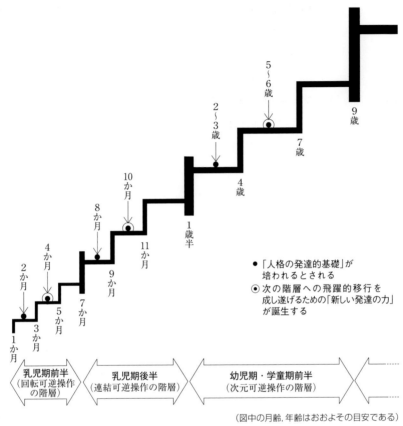

	「人格の発達的基礎」が培われるとされる
●	
◉	次の階層への飛躍的移行 を成し遂げるための「新しい発達の力」が誕生する

（図中の月齢，年齢はおおよその目安である）

発達段階の説明図

義を問うています．

　本書を手にとってくださったみなさんの多くは，実際の保育や教育の現場で子どもたち・なかまたちに日々よりそいながら実践し，そのなかで子どもの発達をとらえたい，発達診断の実際を学び，自分でもやってみたい，あるいはその知見を日々の実践に生かしたいと望んでいらっしゃることと思います．下巻ではそうしたご要望に応えるべく，各時期の発達診断課題とその見方について説明し，保育・教育の課題は何かについて述べることに主眼をおきました．こうしたご要望に対し，本上巻でとりあげる国際動向や歴史は，少し敷居の高いものかもしれません．しかしながら私たちは，子ども・なかまの発達を理解し，

発達診断をし，実践を創造していくうえで，人間が幸福に生きる権利がどのように深められて発展してきたのか，その権利保障の歴史が発達保障とゆるぎなく結びついており，それを学ぶことは不可欠であると考えました．また，理論も実践の蓄積もない時代に，先人たちは目の前の「この子」たちに手探りで向きあい，侃々諤々（かんかんがくがく）の議論をし，ときには無力感や自己否定感におそわれながらも，「この子」たちが必死で生きよう，自分を変えようとしている姿におおいに励まされてきました．そして，一人ひとりの，一つひとつのかけがえのない事実の裏側に，おおいなる自然の営みや社会の発展にもつながる法則性が潜んでいることに気づき，それを明らかにしようと心血をそそいできました．その経過を知ることは，今の時代を生き，未来を創りだしていく子どもたち・なかまたちの発達を理解し，応援していくうえで，貴重な羅針盤になると考えます．

　IVでは，自閉スペクトラム症と重症児をとりあげました．もちろん，他にも多くの障害がありますし，自閉スペクトラム症，重症児とひとくくりにしてしまうことは厳に戒めるべきことだと私たちも何回となく書いてきています．ただ，障害のある場合の〝特殊性〟と，個々の事例の〝個別性〟をそれぞれに切り離して考えるのではなく，人間発達の〝普遍性〟との相互浸透においてとらえること，ひらたく言えば，「おなじ」と「ちがい」を幾度も往還してとらえることが，私たち自身の認識を発達させていくのだと確信します．その意味で，自閉スペクトラム症や重症児に直接かかわることがない方にもぜひお読みいただければと思います．

　さらにVでは，ライフサイクルに視点をおきつつ，一人ひとりの子ども・なかまに対してだけではなく，地域，子育て，学校，施設等にも目を向けて発達診断がどのような役割を果たしているのか，地域づくりや職員集団づくりにどう結びつくのか，それぞれの実践的知見から述べました．発達診断という行為が，検査者と目の前の子ども・なかまという閉じた関係のなかで終始してはならないでしょう．子ども，なかま本人だけではなく，親もきょうだいも職員も，自分や社会への「ねがい」をもつ権利主体です．その「ねがい」が撚りあわさることで，園・学校，地域，そして行政を少しでもよりよいものに変革していかなければなりません．そのなかで大きな役割を果たすのが，それぞれの園・学校・施設の職員集団だと考えます．一人では無力であっても，職員集団で語

りあい，わかりあい，知恵を出しあい，試行錯誤しあっていく…そのたゆまぬ道行きのなかで真実が探られ，確かめられ，明日への展望が見出されていくのではないでしょうか．

　最後に，この本を手にとってくださった方に，編者からのお願いです．
　ぜひ職場や，地域サークルなどで，仲間といっしょに読みあってください．そして，みなさんが日頃の実践の中で悩み考えていること，子どもたち・なかまたちの姿と照らしあわせながら語りあってください．全体を読んでいただけると嬉しいですが，入り口はどの章からでも構いません．私たちは，発達理解においても，実践においても，答えは一つだけではないと思っています．でも，一つではない答えを探し出すのは，一つの正解を見つけるよりももっと難しいことかもしれません．今，みなさんがつかんでいること，大事にしようと思っていることの中に，答えにつながる何かが潜んでいるだと考えます．本書が，それを見つけだす手がかりになることを願ってやみません．

　　　　　　2022年8月

　　　　　　　　　　　　　編者を代表して　　白石　恵理子

も　く　じ

Ⅳ　障害と発達診断

1章　自閉スペクトラム症と発達診断　別府　哲 ———————— 120

2章　重症児と発達診断　白石正久 ———————————— 138

カバーデザイン　千葉香織

新版　教育と保育のための発達診断
上　発達診断の基礎理論　執筆者一覧

白石恵理子	しらいし えりこ	滋賀大学教育学部	はじめに
			Ⅲ　2章
			Ⅴ　3章
玉村公二彦	たまむら くにひこ	京都女子大学発達教育学部	Ⅰ
松島明日香	まつしま あすか	滋賀大学教育学部	Ⅱ
白石　正久	しらいし まさひさ	龍谷大学名誉教授	Ⅲ　1章
			Ⅳ　2章
			おわりに
張　貞京	ちゃん ちょんきょん	京都文教短期大学幼児教育学科	Ⅲ　3章
川地亜弥子	かわじ あやこ	神戸大学発達科学部	Ⅲ　4章
別府　哲	べっぷ さとし	岐阜大学教育学部	Ⅳ　1章
小原　佳代	こはら かよ	滋賀県大津市幼保支援課	Ⅴ　1章1（1）
西原　睦子	にしはら むつこ	滋賀県大津市幼保支援課	Ⅴ　1章1（2）
高田　智行	たかた ともゆき	滋賀県大津市健康推進課	Ⅴ　1章1（3）
高橋真保子	たかはし まほこ	社会福祉法人コスモス	Ⅴ　1章2
櫻井　宏明	さくらい ひろあき	元 埼玉県特別支援学校教員	Ⅴ　2章

2022年8月現在

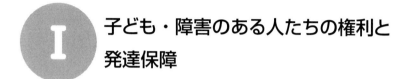

I 子ども・障害のある人たちの権利と発達保障

子ども・障害のある人たちの権利と発達保障

玉村公二彦

はじめに

　発達診断は，医学的診断や教育的診断とも相互に関係をもつ，主として心理学的診断の一つの分野です．この発達診断は，人類が蓄積してきた心理科学の成果を反映した取り組みの一つでもありますが，同時に，人間の発達が社会的な諸関係の総和を反映するという意味で，狭い意味での心理学にとどまらず，人間発達に関わる諸科学の成果と集団的な叡智を結集したものとなる必要があります．発達診断が，子どもや青年たちの健康で文化的な生活を実現する営みの一環として社会的役割を果たすものとなるためには，私たちの集団の発展，社会や環境の改善，社会の進歩と重ね合わせて位置づけられる必要があります．そして，その中では，子どもや青年を，未来へ開かれた権利主体，発達の可能態としてとらえることが重要です．

　今日，子どもや青年の発達をめぐっては，ますますその姿が見えがたく感じられることも多く，楽観を許さない状況があります．発達に向き合う営みは，過去を振り返りつつ，現実を深く問い，それを歴史的関連の中につなぎながら，未来を問い，そして未来からの問いかけに応える継続した問いの中にあります．私たちの自由および権利は，憲法が示すように，不断の努力によって，これを保持しなければならないものです．子ども・障害のある人とともに未来を語り合うために，発達の権利の主張と発達への権利宣言にいたる過程を再確認し，子ども・障害のある人たちの人権条約としての「児童の権利に関する条約」（以下，子どもの権利条約）と「障害のある人の権利に関する条約」（以下，障害者権利条約）を中心に，子ども・障害のある人たちの権利と発達保障の今日

的な到達点を確認し合いたいと思います.

1 「子どもの世紀」における精神発達の発見と歪曲
──知能・能力の測定による選別から発達診断へ

　1900年という20世紀への入り口の時期に，エレン・ケイは，新しい世紀が子どもの世紀になってほしいとの願いを込めて『児童の世紀』を書き，当時の学校の改革と平和を訴えました．19世紀末には児童心理学が生み出され，20世紀には児童研究運動に発展していきます．子どもへのさまざまなアプローチがなされるとともに，たとえば，1924年の「子どもの権利に関するジュネーブ宣言」に見られるように，子ども期の固有の価値が権利として宣言されはじめていきます．20世紀前半は，おとなとはちがった固有の存在価値としての「子どもの発見」とその独自の権利の承認への模索がなされつつも，必ずしも子どもの世紀にふさわしい歴史ではありませんでした．二度にわたる世界大戦によって，帝国主義戦争を進めるための人材として子ども・青年が動員され，子どもや障害のある人たちの人権が踏みにじられていきました．そのような社会のありようは，子ども・青年の発達をとらえる科学にも影響をおよぼすものとなっていきました．

（1）ビネーの知能検査の開発

　子どもの能力の個人差を客観的にとらえようとした試みは，20世紀初頭から心理学の発展の中で培われてきたものです．とくに，公教育の発展の中で知的水準の診断などが求められるなかで，ビネーによる知能尺度の考案によって開始されました（1905年，1908年改定，1911年改定）．ビネーは，年齢に応じた課題から知能尺度を作成しましたが，その基礎は「実際上の問題が直接の起源をなしている」（ワロン，1966）と言われるように，テストの課題は子どもの生活の中で状態として見られる能力に対応したものとして設定されました．

　ビネーの検査は，もともと公教育の中で呻吟（しんぎん）する知的障害のある子どもたちを念頭において，知的水準を診断する方法の開発を目的とするものでした．項目は，生活の中での年齢に相当する子どもの行動から取り上げられたものでした．そして，その評価においては，子細に子どものようすや反応を観察し，子

どもの反応の意味を多面的にとらえようとしました．ビネーは，個別の子ども
の反応をまとめ，一定の客観的な指標として年齢ごとの項目を示すことによっ
て，精神発達の年齢的な特徴とそれに即した教育内容・方法を組織しようとし
ました．

（2）測定運動とテスト法の緻密化——能力の「量」への還元

ビネーによる人間の発達や知能，その個人差に関する認識は，国際的な動向
をつくり出していきます．アメリカにおいては，ゴダードのビネー検査の翻訳
（1908年，1911年）と実施を嚆矢としています．ゴダードの研究は，その後，
優生思想を強化する役割をはたしていきます．知能検査は，ターマンによるア
メリカ人向けの標準化改訂版の作成（「スタンフォード・ビネー知能検査」，
1916年初版）によって，改良と普及が計られていきました．

このスタンフォード・ビネー検査で，シュテルンの考案したIQ（知能指数）
が用いられたことはよく知られています．ビネー検査と同様，個人用の検査で
したが，教育測定運動の原動力となっていきました．測定運動の基本的な考え
方を示したソーンダイクは，「もし，ものが存在するなら，それは量として存
在する．もし，それが，量として存在するならば，それは測定できる」として，
量的測定をこそ重視しました．知能をどのようなものとして考えるかという知
能の質的な内容を問題とするというより，検査によって測定された大量のデー
タを量的に処理することによって，質を量に置き換えてしまうことになってい
きます．さらに，テストの妥当性のもとに精緻化が繰り返され，子どもの反応
の解釈の多様性は削られていきました．IQの使用によって，IQの恒常性が強
調され，遺伝決定論が強められることになりました．その結果，ビネー知能検
査とはまったくちがう性格の検査へと変質していくことになります．

そのことが明確になったのは，1917年の第一次世界大戦へのアメリカの参戦
を背景とした，軍隊で使用する集団知能検査の開発においてです．中心となっ
たヤーキースは，簡潔・迅速・信頼性のあるものとして軍隊用の心理テストの
考案に向かいます．ビネーの言語テストを成人の集団に適用する翻案がなされ，
集団知能検査の開発が行われました．このアメリカ陸軍の集団知能検査は，言
語性課題からなる α 式と非言語性課題からなる β 式の形式から作成されました．

そして，得点尺度が精神年齢に繰り込まれて IQ に換算され，個々の人間は A〜E までの等級に振り分けられることになったのです．

　一方，学校教育において，ターマンは，「すべての子どもに知能検査を」をスローガンとして，大規模な教育測定運動を展開していきます．ターマンによって普及された知能検査は，知能が遺伝によって規定されており，恒常的な性質をもつものであり，したがって知能は生得的に決定されていて不変であるという固定的な宿命論を強めることになりました．知能検査の使用によって，学校教育の選別機能を強め，学校のもつ職業指導などの指導を固定的なものにしていくことになります．その結果，個々の子どものもつ課題を明らかにしようとしたビネー知能検査は，軍隊の集団検査の検討を媒介として集団知能検査に変えられ，学校では学習能力テストに変質させられ，選別の役割を担わされていくことになります．

（3）測定運動への批判と発達診断・アセスメントの萌芽

　知能の遺伝決定論は，北欧系ヨーロッパ人の優秀性などを強調する人種差別主義を強化していきました．そして，アメリカにおける移民制限法の制定などの社会的な施策にも影響をおよぼすものとなりました．日本においても，第二次世界大戦の時期には，知能検査の開発を先導した田中寛一に代表されるように，植民地侵略の合理化論として，集団知能検査の結果をもとに民族主義的日本人論が展開されることになりました．世界的に優生思想が勃興し，障害のある人たちの生存と人権を脅かすものとなっていきました．

　このような極端な人種的偏見を強化する試みや優生思想は，戦前のファシズム批判から戦後の民主化過程において払拭されていくことになりますが，しかし，知能の遺伝決定論や恒常性に関する議論は，戦後においても課題として残ることになります．イギリスでは 11 歳で知能検査（イレブン・プラス：中学校進学適性検査）を行い，その結果によって進路を決定するシステムがつくられたことがありました．このように知能検査の開発は，学校教育や軍隊での選抜などの社会的要請と切り離して考えることはできないほど，社会政策の内部に組み込まれていくことになります．

　しかし，このような集団知能検査は，個々の子どもの発達を，恒常的な量と

してしか示さず，変化するものとしてとらえずに，発達の内容をほとんど示していません．それは，個人を客体とした機械的選抜には適合的ですが，個々の子どもたちの発達へのアプローチを導くことができないものとなっていました．主に学齢期の知能を問題にした検査は，発達検査というより学習能力検査と同一視されていきます．宿命的な遺伝決定論では教育の果たす役割は軽視されるか，教育が選別機関となって本来の役割を果たさず逆に学習権を奪うことになります．

これに対し，遺伝決定論への疑問が提起されていくことになります．たとえば，デューイなどの進歩主義教育論の立場から，教育の可能性の制限に関する批判がなされ，教育診断・教育評価の概念が生まれます．

知能の測定運動への批判の中で，発達検査の初期の目的に立ち戻って，個人の発達の様相の検討が試みられていきます．また，オーストリアでは，ビューラーが生後1年目から6年目までの子どもの発達検査の方法を提示し（1932年），アメリカではゲゼルが乳幼児の行動や成熟の観察による，乳幼児の発達尺度の作成などによって，乳幼児から学童期にわたる成長過程をとらえる試みを行い，個々の子どもの発達や発達上の問題の指摘を行っていくことになりました．ゲゼルは，1941年に『発達診断学』と題する書物を上梓していますが，その序文の中で「本書はいかなる意味でも知能テストや知能指数（IQ）『測定』の参考書ではない．それは発達成熟の行動概念を客観的な立場，即ち，臨床神経学の観点からしているのである」と述べて，測定ではなく診断という考え方を強調しています．知能検査の第二世代といわれるウェクスラー系の個別知能検査も，言語性・動作性などの各能力のレベルを比較することによって個人内での発達の様相をアセスメントするものとして開発が進められていくことになります．このような個々の子どもたちの姿をとらえる発達診断やアセスメントという発想は，個々の子どもを主体としてとらえ，子どもや障害のある人たちに対する人権への認識が高まる第二次世界大戦後に本格的に展開されることになると言えます．

社会発展の中で心理学等の進歩とともに，さまざまな心理検査やアセスメント方法・技術が開発されてきました．その基本におかれなければならないものは，すべての子ども・青年の全面的な発達，そして子どもたちのもつ発達の権

利を保障するということです.

2 発達の権利と発達保障の提起
──「この子らを世の光に」の取り組みの中で

　第二次世界大戦は，反ファシズム連合の勝利という形でファシズムに審判を
下しました．第二次世界大戦の反省に立ち，国際連合（以下，国連）が創設さ
れ，反ファシズムの歴史的な成果として人権が掲げられていきます．国連の創
設にあたっての国連憲章では，その前文において，「二度まで言語に絶する悲
哀を人類に与えた戦争の惨害から将来の世代を救い」と述べ，悲惨な戦争の反
省を行うとともに，「基本的人権と人間の尊厳及び価値と男女及び大小各国の
同権とに関する信念をあらためて確認し」として，基本的人権と人間の尊厳を
高く掲げました．こうした国際的な動向に呼応して，わが国もまた，平和主義，
基本的人権の尊重，国民主権を明記した憲法のもとで，戦後の民主化が行われ，
基本的人権と民主主義社会の形成者を育む取り組みが営まれていきます．

　子ども・青年，そして障害のある人たちの生存と健康，発達と教育，労働と
雇用，社会福祉・社会保障の取り組みが進められることになりました．しかし，
1960年代以降，経済復興・高度経済成長の過程の中で，能力主義的な社会政策
が強められ，それに抗する人権・権利の実現を求める実践・運動の中で，国際
的な人権認識の発展を基礎として新たな歴史創造が求められていくことになり
ます．

（1）人権認識の発展と国際人権規約──国連における自由権・社会権を中心とした人権条約の成立

　世界史の中で，近代的な市民の誕生によって，奪うことのできない人権・権
利の認識が発展・確立し，法的にも認められてきました．

　第一世代の人権として，イギリス権利章典，アメリカ独立宣言，フランス人
権宣言などから謳われてきた，国家から制約を受けず，または強制されずに，
自由にものを考え，自由に行動できる権利（精神の自由，経済的自由，身体の
自由），すなわち言論・思想・信条，政治的立場，学問や出版の自由などの政
治的，市民的諸権利が確立してきました．これらの権利を総称して自由権と言

います.

　20世紀半ばにおいて，個人の尊厳を守るため，国家による富の再分配によって個人の生活を実質的に保障することを個人が社会に請求する権利が登場することになりました．これが，第二世代の人権である社会権です．この社会権は，人間が人間らしく生きるための権利であり，教育権，生存権，労働権などの経済的，社会的，文化的諸権利です．これによって，児童労働の禁止，最低賃金制，労働日や労働時間の改善，有給休暇制度，同一労働同一賃金の制度，女性差別の廃止，健康保険制度・病気に対する配慮，代替職員の配置，労働条件に対する最低基準の遵守と向上，文化・スポーツ・休暇施設の設置，不当労働行為の禁止，失業保険などが確保されていきます.

　このような人権の世界史的な到達点を踏まえて，国連は設立当初から一貫して人権保障の取り組みを重大な課題としてきました．1948年，国連総会では，「すべての人間は，生まれながらにして自由であり，かつ，尊厳と権利とについて平等である」として，自由と基本的権利を明示した世界人権宣言を採択しました．この宣言は，世界史的に認識されてきたそれまでの人権思想を，自由権と社会権に整理し，それぞれの条項として定式化しています．そして世界人権宣言に謳われた権利を，国と国との約束とするべく国際的な条約として確認するために，1966年，二つの国際人権規約，すなわち「経済的・社会的及び文化的権利に関する国際規約（Ａ規約）」（社会権規約），「市民的及び政治的権利に関する国際規約（Ｂ規約）」（自由権規約）が採択されることになりました．この国際人権規約は，最も基本的で包括的な人権保障の国際的な総論として機能していくことになっていきます.

　ところで，世界人権宣言はその第二項で「いかなる事由による差別」もあってはならないことを謳っています．そして，国際人権規約（社会権規約と自由権規約）に明示された人権・権利もまた当然のことながら，すべての人に対して差別なく平等に保障されることが謳われています．国連は，総論的な人権一般の規定だけでは真に権利保障が十分なされない集団や階層へ，より具体的で国際的な人権の具体化を行っていきます．「人種，皮膚の色，性，言語，宗教，政治上その他の意見，国民的もしくは社会的出身，財産，門地その他の地位」などによって，差別されないとの規定に照らして，自由と基本的人権を保障す

るための取り組みを特別に強化する必要があるとの認識に立って，個別の宣言や条約がつくられていきます．すなわち，「人種差別撤廃の宣言」（1963年）から「人種差別撤廃条約」（1965年）の採択へ，さらには「女性差別撤廃の宣言」（1967年）から「女性差別撤廃条約」

障害者権利委員会

（1979年）の採択へといった展開がなされました．

　たとえば，人種差別撤廃条約は，「人種的相違に基づく優越性のいかなる理論も科学的に誤りであり，道徳的に非難されるべきであり」と前文に示しました．これは，知能検査の普及の過程の中で，人種的な偏見や人種差別を助長した歴史的誤りを正すものとなっています．

　このような国際的な人権条約に関して，日本政府の受けとめは必ずしも十分なものではありませんでした．国際人権規約は，国連での採択の10年後，1979年に部分的な留保を残しながらようやく批准され，女性差別撤廃条約は，6年後の1985年に批准，人種差別撤廃条約においては，四半世紀遅れた1995年にようやく批准されることになりました．国連の人権保障の努力が，1970年代まで日本は十分に受けとめきれずにいたということになります．そのことは，障害のある人たちの人間の尊厳を確立し，自由と基本的人権の平等の享受という点での遅れに深くかかわっていました．たとえば，1950年代には知的障害のある人たち，重度の知的障害の人たちについては，次のように言われていました．

　「精神薄弱者：種々の原因により精神発育が恒久的に遅滞し，このため知的能力が劣り，自己の身辺の事がらの処理および社会生活への適応が著しく困難なものを精神薄弱者とし，なお，これをその程度により，白痴・痴愚・魯鈍の三者に分ける」とし，重度の知的障害としての「白痴」は「言語をほとんど有せず，自他の意思の交換及び環境への適応が困難であって，衣食の上に絶えず保護を必要とし，成人になっても全く自立困難と考えられるもの」として，「就学免除を考慮する」とされました（文部省，1953）．

知能検査は知的障害の「欠陥」を心理学的に測定するものとされ，IQは恒久的な精神発育の遅滞の指標として分類の手段とされました．結果として，障害の重い子どもたちへの知能検査の結果が就学免除という放置と絶望へのパスポートとなっていきました．教育を行う前に教育不可能のレッテルを貼り，権利を剥奪するものとして機能していきました．

（2）「発達の権利」と「発達保障」の胎動——障害の重い子どもたちへの取り組みから

　障害のある人に対する社会政策は，「恒久遅滞」論と「欠陥」の枚挙によって補強されて，発達と権利不在のものとなり，障害のある人に対する差別的な劣等処遇が進行していきました．それに抗して，医療・教育・福祉の保障の中で培われていった戦後の知的障害児福祉・教育の実践は，子どもたちの発達的変化をとらえる試みを追求していきました．

　戦後，知的障害福祉・教育の典型をつくったのが，1946年に設立された近江学園での取り組みでした．園長の糸賀一雄は，「実践性」と「思想性」をもって，戦後の新たな障害児教育・福祉を開拓していきました．すなわち，障害児を含めてすべての子どもたちを視野に入れて，教育・生活・生産の実践を開拓し，公立施設の機能に民間の開拓的機能を加えて，社会福祉施設体系を開拓し，施設を社会の出発点として社会福祉施設体系と地域福祉活動の提携を行う中で，障害のある人の発達を促す先頭に立ちました．

　近江学園の中では，知的障害の子どもたちを発達する存在としてとらえ，医学と教育，生活と教育，労働と教育の結合による各種の教育活動・実践を積極的に展開していきました．その中では，知能検査の方法も含めて発達把握が自覚的に問い直されていました．たとえば，1960年前後には，知的障害のある子どもたちの検査項目について再検討がなされ，知的障害と人格形成の内容について発達過程的吟味がなされていました．

　近江学園の内部での討議を，その後の発達保障の提案との関係で整理すれば，①知的障害の知的劣弱性の枚挙ではなく，発達を促すメカニズムの解明という歴史的な仕事を志向し，②発達段階や精神年齢のそれぞれの質的なちがいと通常児の発達の筋道との関係を結びつけて考える立場から，③発達段階と人間形

成の中核となるものと「心理構造上のひずみ」の把握を中心として発達の構造を解明し，④条件変化や発達的抵抗のあり方を解明することによって教育指導に生かす発達のとらえ方と自己調整などに着目した人格形成へのアプローチの構築を模索し，④民主的な集団討議の中で行っていくということへの出発が語られていたと言えます．

　発達的なアプローチ，発達への取り組みを実質化していくこととなった近江学園は，知的障害のある子どもたちの発達把握と教育・福祉実践を基礎に，発達相談などの「外への展開」をより発展させ，地域福祉への参画として大津市の乳幼児健診への参加を行い，健常の子どもたちの発達を深くとらえるとともに，障害の早期発見と対応への取り組みをつくりあげていきました．これによって，乳幼児の段階での発達過程の把握と発達の法則性の解明への知見を大規模かつ系統的に得ることとなりました．同時に，その一方で，発達障害のある場合の指導実践を発達的に再構成して「内への深まり」を実現しつつ，障害の重い子どもたちに対する先駆的な取り組みをもとに，重症心身障害児施設での療育実践へと発展させることになりました．

　1963年，びわこ学園が設立されたころから，糸賀一雄は，直接的には重症心身障害児とその施設にふれながら，次のように述べ，「発達の保障」「発達の権利」を強調していきます．

　「重症の子どもの場合には，それはひじょうにわずかではあるが，それでもそういうかわっていくいとなみがある．それは，すべての人間の子どもの歩む発達の法則から，決してはずれたものではない」「長いあいだかかってもこの発達の段階を，力いっぱい充実させながら克服していく姿があるということは，私たちに限りない力と希望をあたえてくれるものであった．この姿を実現させるためにこそ，国家，社会の力が動員されてよいのである」「問題は子どもたちのあらゆる発達の段階をどのようにしたら豊かに充実させることができるかということである」「近江学園やその他もろもろの施設や，そしていまやこのびわこ学園も，（中略）始発駅であり，健全な社会そのもののいとなみである．人間生命の発達を保障するという考え方が，真に日本の社会計画のなかみを形成するようになるための，ささやかではあるがもっとも具体的な試みであり訴えである」（糸賀，1965）

「この子らが自ら輝く素材そのものであるから，いよいよみがきをかけて輝かそうというのである．（中略）この子らが，うまれながらにしてもっている人格発達の権利を徹底的に保障せねばならぬということなのである」（糸賀，1968）

　当時の厚生省によって「発達保障は国の方針と相容れない」とされていましたが，糸賀は臆することなく，重症児も含めた人間存在の「実存」として，そしてその生まれながらにもっている権利として「発達の権利」を主張し，発達保障の理念に未来を託したと言えます．療育記録映画『夜明け前の子どもたち』（1968年）なども，障害の重い子どもたちの発達の権利を主張し，その事実をフィルムをもって明らかにするものとなりました．糸賀が到達し，希望を託した発達保障の理念は，障害児の権利としての教育や福祉を追求していく国民の営みの中に，理念的・実践的根拠として迎えられ，大きな影響をあたえていくものとなりました．そして，障害児の権利を守り，発達を保障することへの呼びかけの声があげられ，しだいに大きなものになっていくことになります．国際社会においても1970年代から障害のある人へのアプローチが本格化するとともに，1980年代には，新たな歴史を創造する第三世代の人権が提案されていくことになります．

（3）学習権宣言と発達への権利宣言

　1975年，国連は「障害者権利宣言」を採択しました．そこでは，「（障害者は）人間としての尊厳が尊重される，生まれながらの権利を有している．障害者は，その障害の原因，特質及び程度にかかわらず，同年齢の市民と同等の基本的権利を有する」（第3条）と規定され，さらに，障害のある人は，固有の医療，教育，リハビリテーションなど諸サービスの権利をもつことが示されました．障害のある人に対する取り組みは，1981年の国際障害年，1982年の国連・障害者に関する世界行動計画の策定，そして，国連・障害者の10年（1983～1992年）の取り組みへと進展し，1980年代，障害のある人の権利保障の多面的な取り組みがなされていくことになります．

　1980年代半ば，障害のある人の権利保障の進展と同時に，すべての人の学習と発達の権利をめぐって，国際的にも重要な宣言がなされています．すなわち，

1985年，国際青年年が取り組まれ，UNESCO（国際連合教育科学文化機関）では次のような内容を含む学習権宣言がなされています。

「学習権とは，読み書きの権利であり，問い続け，深く考える権利であり，想像し，創造する権利であり，自分自身の世界を読み取り，歴史をつづる権利であり，あらゆる教育の手だてを得る権利であり，個人的集団的力量を発達させる権利である」

学習権宣言は，社会の主人公として，世界を読み取り，それによって歴史を創造する権利であり，個人的集団的な発達の権利を宣言したものと言えます。

また，1986年，国際平和年の取り組みの中で，国連は「発達への権利宣言」（Declaration on the Right to Development）を決議しています。この権利宣言では，第1条で，「発達の権利は，すべての人類，すべての人間が，あらゆる人権と基本的自由が全面的に実現されうるような経済的，社会的，文化的かつ政治的発展に参加し，貢献する権利を持つという意味で，奪うことのできない人権である」「発達への人間的権利は，…自己決定への人々の権利の全面的な実現を意味する」と述べています。すべての人類・人間は全面的な発達と権利の享受の中心主体であり，あらゆる人権と基本的自由の実現のための諸取り組みへ参加・貢献し，人類の蓄積してきた科学や文化といった価値あるものをわがものとし，そして連帯と国際的な協力共同の取り組みによって社会的な共同財産を形成することを提起していると言えます。

以上のように，1980年代以降，個人と集団におけるライフサイクルを通じた学習と発達の権利とその社会的保障が，そして社会としては将来の世代の権利を視野に入れた「持続可能な発展（発達）」が，国際的な合意として追求されていきます。この取り組みは，実現途上ではありますが，すべての人を権利主体として，新たな発達の権利などを含んで，これまで人類の努力の中で獲得してきた人権をともに追求する社会の実現を求めるものとなっています。国連は，そのような権利実現の社会をめざして，子どもの権利条約（1989年）と障害者権利条約（2006年）を採択しました。それらは，今日における子どもと障害のある人の総合的な権利実現とそのための教育・福祉・保健活動の指針を示すものとなっています。

3　子ども・障害のある人の権利の総合保障

（1）子どもの権利条約と意見表明権

　子ども期の固有の権利の確認に関する国際的な動向は，第二次世界大戦前におけるいくつかの取り組みを踏まえ，1959年子どもの権利に関する宣言，1979年国際児童年を経て，1989年子どもの権利条約へと国際的な合意の水準を上げていきます．子どもの権利条約は，世界人権宣言と国際人権規約といった人間の尊厳と人権一般の確立とともに，子どもに関する総合的な権利の確立の到達点を示すものとなっています．

　同条約は，前文と第1部に具体的権利に関する実体規定をまとめていますが，子どもの生存と発達を確保する権利として，第6条において，「子どもの生命に対する固有の権利」と「子どもの生存及び発達を可能な最大限の範囲において確保する」ことを規定しています．

　この条約の特徴は，次のようにまとめることができます．

　第一に，人間の尊厳という人類の歴史的理念が全体を一貫していることです．たとえば，権利保障の原則は，「子どもの最善の利益の考慮」（第3条）の規定を含むものとなっています．第二に，国際的な合意として子どもの人格の尊重と市民的自由に関しては，従来は保護する対象として見なされていましたが，子どもを権利の享有の主体そして権利行使の主体，つまり人権主体として見なすものとなっていることです．たとえば，第12条に示された意見表明権の確保（自己に影響をおよぼすすべての事項について自由に見解を表明する権利）などは重要です．そのうえで，しかし子どもはおとなとはちがう存在であって特別に保護が必要なものとして，権利を保障しようとしていることも同時に指摘しておく必要があります．第三に，この条約は子どもの権利のとらえ方として，先に述べた第6条に見られるように生存・発達の確保という観点を重視していることです．「健康と医療，生存・発達と社会保障への権利」として，健康と医療への権利（第24条），社会保障への権利（第26条），生存・発達に必要な生活条件を確保する権利（第27条）があり，「教育と文化に関する権利」として，教育に関する権利（第28条，第29条），休息や余暇，遊び，文化的および芸術

的生活に参加する権利（第31条），続いて「子どもとして保護される権利」（第32条〜第40条）が掲げられています．第四に，子どものケアや発達のために親および家族（環境）を重視していることです．さらに，第五に，子ども主体の条約として，おとなのみならず子どもにも，この条約の原則や規定を知らせることを締約国に義務づけていることも重要です．

ところで，子どもの権利条約においては，障害のある子どもに関して，重要な規定が存在していることも指摘しておく必要があります．子どもの権利条約では，国際的な条約として，障害を理由とした差別の禁止が初めて明記されました．障害児も差別なく，子どもの権利のすべてを享受することができることを意味しています．先に見た，意見表明権，表現・情報の自由，健康・医療・社会保障・教育への権利，また，休息しかつ余暇をもつ権利，年齢にふさわしい遊び・レクリエーションの権利，文化的生活および芸術に自由に参加する権利などは，障害のある子どもに即して考慮されるべきものと言えるでしょう．

同時に，第23条において特別に「障害のある子どもの権利」が次のように規定されています．

①尊厳を確保し，自立を促進し，地域社会への積極的な参加を助長する条件のもとで，十分かつ相当な生活を享受すべきであること，②障害のある子どもへの「特別なケアへの権利」を認め，そのための援助の拡充を行うこと，③障害のある子どもへの「特別なニーズ」を認め，可能な限り全面的な社会的統合と文化的および精神的発達を含む個人の発達の達成を目的とする無償の援助として，教育，訓練，保健サービス，リハビリテーションサービス，雇用準備およびレクリエーションの機会を確保し，保障すること，④障害のある子どもに関わる医学，心理学，教育などの分野での国際協力と情報の交換の促進．

つまり，障害のある子どもに関しては，差別なく総合的な権利の保障がなされるとともに，固有の「特別なケアへの権利」と全面的な社会的統合と発達保障が掲げられたと言えます．

（2）障害者権利条約

総合的な権利保障を，子どものみならず障害のある青年・成人にまで拡張したものが，2006年に採択された障害者権利条約です．

表1　障害者権利条約の一般的原則

(a) 固有の尊厳，個人の自律（自ら選択する自由を含む．）及び個人の自立の尊重
(b) 無差別
(c) 社会への完全かつ効果的な参加及び包容（インクルージョン）
(d) 差異の尊重並びに人間の多様性の一部及び人類の一員としての障害者の受入れ
(e) 機会の均等
(f) 施設及びサービス等の利用の容易さ（アクセシビリティ）
(g) 男女の平等
(h) 障害のある児童の発達しつつある能力の尊重及び障害のある児童がその同一性（アイデンティティ）を保持する権利の尊重

　障害者権利条約では，その前文で，すべての人に保障されるべき普遍的で，それぞれの内容が堅く結びついている人権と基本的自由を，差別なく完全に障害のある人に保障することをあらためて確認しています．それを受けて，第1条では，障害のある人に，すべての人権と基本的自由を完全かつ平等に保障し，障害のある人の固有の尊厳を守り発展させることを目的として規定しています．

　障害者権利条約には一般的原則として**表1**のような基本的な考え方が掲げられています．

　さらに，この条約は，障害を理由とするいかなる差別もなしに，障害のある人にあらゆる人権および基本的自由を完全に実現することを確保し，促進することを約束するとして，その実現のために立法措置，行政措置，そのほか必要な措置をとることを締約国に課しています．

　障害者権利条約は，これまで到達してきたすべての人権の内容を，障害のある人に具体化し，その実現を促すという意味で，自由，生存，生活，医療・保健，労働，教育，リハビリテーション，移動，環境など，すべての分野を視野に入れたものとなっていると言えます．あわせて，障害者権利条約には，差別禁止規定に加え，障害のない人と同等の暮らしを可能にするための積極的措置も明記することが強調されました．すなわち，特別措置，合理的配慮など，障害者の権利を実質的に保障する内容が盛り込まれた枠組みとなっている点が注目されます．

　また，障害者権利条約には，障害のある子どもに関する条項（第7条）があり，子どもの権利条約を踏まえ，子どもの最善の利益が考慮されること，そして，年齢や発達に即して，自由に自己の意見を表明する権利とそのための支援の提供が規定されています．基本的自由を享受する権利に関しては，生命の権

利の条項（第10条）があり，そのうえで，身体の自由及び安全などの条項（第14条）が続いています．特に，今日，子どもをめぐって問題となっている虐待に関しては，暴力や虐待からの自由の条項（第16条）に，あらゆる形態の搾取，暴力，虐待からの保護が明記されています．また，自立した生活及び地域社会へのインクルージョン（第19条），教育（第24条），健康（第25条），ハビリテーションおよびリハビリテーション（第26条），雇用・労働（第27条），十分な生活水準の向上（第28条）などは，条項それぞれが権利の内容を示すばかりではなく，相互に結びあっているものです．

　たとえば，質の高い教育を受ける権利が実現されなければ，安定した雇用を望むことができません．雇用は，経済的自立から，家族の形成，そして国内経済への貢献という感覚をもたらし，社会参加のための多くの機会に直接結びつくものです．教育，雇用・労働，十分な生活水準の向上，そして自立的な生活，さらには政治的公的活動への参加（第29条）や文化的な生活，レクリエーション，余暇及びスポーツへの参加（第30条）といった権利実現と社会参加の循環を創り上げることが，障害者権利条約の課題となっていると言えます．

　子どもの権利条約が，子どもの生存・発達を中軸にした権利を提示しているとしたら，障害者権利条約は，子どものみならず青年・成人期などのライフサイクルにおける障害や困難をもつ多様性のある人たちの権利を実質的に実現することを提起するものとなっていると言えます．障害者権利条約では，子どもや教育についての条項において発達の概念が使用されていますが，ライフサイクルにおける文化や社会制度・サービスへのアクセス，生涯にわたる学習など，社会的広がりの中で発達がとらえられる必要があります．

4　インクルーシブな社会の実現と参加主体の形成（インクルーシブ教育の権利）

　国連に設けられた障害者権利委員会では，締約した国ごとに条約の履行状況が報告・審議され，それに対して勧告がなされています．同時に，ここでは条約の内容・テーマにそくして条約履行の指針を文書としてまとめ，提起しています．それが，「一般的意見」です．これまでに表2のようなものがまとめら

れています.

　障害者権利委員会は,「障害」についても継続して議論しています. 主として病気などの原因との因果関係で障害をとらえる医学モデルと, 主として環境や社会との関係でとらえる社会モデルとの二分的議論を経て, それらを人権の実現という観点から統合して「障害の人権モデル」を提起してきました.

　「他の者との平等」すなわち障害のない人との平等を強調する障害者権利条約では,「法の前における平等の承認」として, ライフサイクルを考慮し, 発達しつつある子どもの能力を認め「最善の利益」の意思と自己決定の尊重を重視しつつ, 成人の段階においては「意思と選好」の重視が提言されています(一般的意見第1号). 障害者権利委員会は, 平等を実現していくうえで,「形式的平等モデル」から「実質平等モデル」への進展を促しています(一般的意見第6号).

　障害のある子どもや青年の教育や地域生活においても, インクルージョンやインクルーシブ教育が提言されてきています. たとえば, インクルーシブ教育の権利を示した「一般的意見第4号」では, インクルージョンについて次のように説明しています.

　「インクルージョン (inclusion):ニーズや興味に最も対応できるような, 関連する年齢の範囲におけるすべての子どもに対して平等で参加可能な学習の経験と環境を提供し, 教育における内容, 方法, アプローチ, 構造や方略を修正ないし変容させるような組織的な改革のプロセスをともなうものである. たとえば, 組織, カリキュラム, 教授学習方法などの構造上の改革を伴わないような通常の学級内への障害のある子どもの措置は, インクルージョンを構成することにはならない. もっといえば, 統合は, 自動的に, 分離からインクルージョンへの移行を保障するものではない」

　つまり, 子どものニーズや興味, すなわち子どもの発達要求をとらえ, さらにそれに応えうるような教育内容, カリキュラム, 教育方法などの改革も視野に入れた教育の改革を行い, 障害のある子ども・青年の実質的で有意義な学習の経験と環境と実践を期待していることがわかります.

　また,「一般的意見第5号」では, 障害のある子どもに関わる, 次のような支援サービスの提供を指摘もしています.

表2　障害者権利条約の一般的意見

第1号	第12条	法律の前における平等な承認（2014年）
第2号	第9条	アクセシビリティ（2014年）
第3号	第6条	障害のある女子（2016年）
第4号	第24条	インクルーシブ教育を受ける権利（2016年）
第5号	第19条	自立した生活及び地域社会へのインクルージョン（包容）（2017年）
第6号	第5条	平等及び無差別（2018年）
第7号	第4条・第33条	参加・関与に関する権利（2018年）

「家族介護者に適切な支援サービスを提供し，それを受けて今度は彼らが自分の子どもや親族の地域社会における自立した生活を支援できるようにすべきである．この支援には，レスパイトケアサービス，児童ケアサービス及びその他の親支援サービスが含まれる．財政的援助も，多くの場合，極端な貧困の状況下で，労働市場へのアクセスの可能性もなく生活している家族介護者には不可欠ある．締約国は，また，家族にも社会的支援を提供し，カウンセリングサービス，支援の輪及びその他の適切な支援の選択肢の開発を促進すべきである」

　委員会の一般的意見は，障害のある人たちの自由な意思表明と主体的な活動が可能となるような療育や教育の環境，支援施策の提供をとおして，子どもと家族が自立した生活の主体者，社会の形成者となることを求めています．そして，この延長線上に「参加・関与に関する権利」についての一般的意見第7号が位置づいています．年齢，障害の種類や程度，性別などを問わず，障害のある人たち，さらには多様な人たちが主人公となるインクルーシブな社会の構築を要請しているのです．

5　子ども・障害のある人の権利保障のための発達診断を

　国際人権条約は，普遍性をもって，すべての人権と基本的自由の内容を，子どもや障害のある人に対して差別なく完全に保障することを国際的な合意とし，それぞれの国が実現することを提起しています．このような発達への権利と発達保障に関する国際的な合意の到達点の意義は重要です．子どもや障害のある人たちの健康で文化的な生活と権利を求める運動は，子どもの権利条約や障害者権利条約制定の流れをつくりだし，発達への権利を含めて諸権利を国際的合

意として実現する歴史的な段階を迎えています.

21世紀に入る段階で策定された国連のミレニアム開発目標（MDGs: Millennium Development Goals）は，2015年までの達成を目指す国際的な発展の目標でした．それを継承して，持続可能な社会となっていくための国際的な取り組みとして，2015年9月，国連総会で採択された文書が『我々の世界を変革する：持続可能な開発のための2030アジェンダ』です．国連のSDGs（Sustainable Development Goals：持続可能な開発目標）は，そこで提起された，2030年に向けた具体的行動指針です．国連加盟193か国が2016年から2030年の15年間で達成するために掲げた目標となっています．Developmentは，「開発」と訳されていますが，発達・発展を含んだ概念であり，これまで私たちが整理してきた，個人の系での発達，集団の系での連帯，そして社会の系での発展と関連させ，持続可能な社会をつくっていくための国際的な連帯と社会資本・共同財産を築く活動でもあります．「不透明といわれる社会」から「持続可能で，すべての人に展望のある社会」にしていくような，「発達」を見る目とその診断が求められています.

発達診断は，21世紀を担う子どもたちの発達を把握し，発達をよりいっそう健やかで確実なものとし，さらに充実した生活を地域社会で営み，社会の主人公として活動することを援助するものです．それは，発達指導・発達保障の実践の中に出発点として組み込まれた大切な個々人と集団，社会を結ぶ活動でもあります．人間の発達は総合的なものです．一面的で機械的な理解に陥ることなく，発達の科学をともに創り，非科学的な認識や非人道的なあつかいを払拭していくことが期待されます．とくに，発達上の困難をもっている場合にはいっそう濃密で科学的な診断をしていくことが不可欠です.

発達への権利の実現をめざす発達保障の一環としての発達診断活動は，すべての人の発達を促し，総合的な権利の保障とその実現を目的とするものです．それは，保健・福祉，学校教育，労働をはじめとする社会制度や発達保障のための条件を整え，保育・教育・雇用などの発達保障実践を科学的なものとするために行われるべきものです．諸能力の発達的な到達点を示し，教育の方法を含めた発達保障実践のための手がかりを提示し，合理的な条件整備（合理的配慮）や特別措置のあり方を提示して，権利の実現に近づける必要があります.

発達診断活動は，子どもや障害のある人の発達の最前線にあって，全面的に発達を把握すると同時に，その子どもや障害のある人たちへの発達保障実践に貢献するとともに，今日における発達の権利の実現の到達点を示し，必要な社会制度体系をつくっていく政策提案の根拠を示していくものとなる必要があると言えるでしょう．

　発達診断をはじめとして発達に関わるすべての人が，21世紀の人権保障の歴史を創造する主体となり，社会の発展法則にもとづいて発達の権利と発達保障をより確実なものとすることが期待されます．

文　　献

荒川智・越野和之編（2007）障害者の人権と発達．全障研出版部．

堀尾輝久・河内徳子（1998）平和・人権・環境　教育国際資料集．青木書店．

糸賀一雄（1965）この子らを世の光に——近江学園二十年の願い．柏樹社．

糸賀一雄（1968）福祉の思想．日本放送出版協会．

糸賀一雄著作集刊行会（1982）糸賀一雄著作集Ⅰ．日本放送出版協会．

糸賀一雄著作集刊行会（1982）糸賀一雄著作集Ⅱ．日本放送出版協会．

糸賀一雄著作集刊行会（1982）糸賀一雄著作集Ⅲ．日本放送出版協会．

文部省編（1953）特殊児童判別基準とその解説——教育上特別な取扱を要する児童生徒の判別基準の解説．光風出版．

永井憲一編（1992）子どもの権利条約の研究．法政大学出版局．

長瀬修・東俊裕・川島聡編（2012）増補改訂障害者の権利条約と日本——概要と展望．生活書院．

大田堯ほか編（1979）岩波講座子どもの発達と教育2　子ども観と発達思想の展開．岩波書店．

大田堯ほか編（1979）岩波講座子どもの発達と教育7　発達の保障と教育．岩波書店．

「近江学園創立50周年記念誌」編集委員会編（1997）消シテハナラヌ世ノ光．滋賀県立近江学園．

ポール・デイビス・チャップマン（菅田洋一郎・玉村公二彦監訳）（1995）知能検査の開発と選別システムの功罪——応用心理学と学校教育．晃洋書房．

サトウタツヤ・高砂美樹（2003）流れを読む心理学史．有斐閣．

玉村公二彦・中村尚子（2008）障害者権利条約と教育．全障研出版部．

玉村公二彦（2017）インクルーシブ教育と合理的配慮に関する国際的動向——障害者権利条約教育条項の実施に向けた国連の取り組みと障害者権利委員会一般的意見No.4．障害者問題研究．44(4)．

玉村公二彦・黒田学他編（2019）．新版キーワードブック特別支援教育——インクルーシブ教育時代の基礎知識．クリエイツかもがわ．

田中耕治（2008）教育評価．岩波書店．

田中昌人（1980）人間発達の科学．青木書店．

田中昌人（1987）人間発達の理論．青木書店．

田中昌人（2003）障害のある人びとと創る人間教育．大月書店．

田村和宏・玉村公二彦・中村隆一編（2017）発達のひかりは時代に充ちたか？──療育記録映画『夜明け前の子どもたち』から学ぶ．クリエイツかもがわ．

ワロン（滝沢武久訳）（1966）応用心理学の原理．明治図書．

参考 URL

障害情報保健研究情報システム（DINF）障害者権利条約に関連した動き
　https://www.dinf.ne.jp/doc/japanese/rights/rightafter.html

日本障害フォーラム（JDF）
　https://www.normanet.ne.jp/~jdf/index.html

国連の持続可能な開発（Sustainable Development Goals website）
　https://www.un.org/sustainabledevelopment/

発達理論と教育・保育の実践

発達理論と教育・保育の実践

松島明日香

1　発達の基本的理解のために

（1）子どもの手応えを想像する

　実践において指導者のはたらきかけが子どもや障害のある人にとって良いものであったかどうかは，はたらきかけられた人の反応（結果）によって確かめられることが多いでしょう．指導者のはたらきかけにより子どもや障害のある人から笑顔が引き出されたとき，できなかったことができるようになったとき，このはたらきかけで良かったのだという安堵や達成感を指導者は感じます．では，同じはたらきかけでも予想した反応が引き出されなかった場合にはどうするでしょうか．同じような反応を導き出すために，はたらきかけ方をいろいろと変えてみようとするかもしれません．もしくは，「あの先生だからうまくいったのではないか」とはたらきかけた人に原因を求めるかもしれません．はたらきかけ，すなわち実践の中身を吟味するためには，さらにもう一歩深めた視点が大切になります．それは，はたらきかけを子ども自らがどのように取り込んだ結果であるのか，子どもにどのような「手応え」として残ったのかといった，子ども側の視点です．子どもをくぐった理解の視点がないまま，「こうすればうまくいく」といったハウツー的な理解による指導は，なぜうまくいったのか，なぜ笑顔を見せてくれたのかの根拠がないまま，あの手この手で試してみるといった乱暴な実践に繋がりかねません．この子どもはこういったことに手応えを感じる人なのだということがわかれば，その手応えをもっと味わってもらうための根拠や仮説をもった実践が展開されていくでしょう．この手応えを考えていくことが発達的理解の第一歩なのです．

両手を交互に開閉する「左右交互開閉」という課題があるのですが，4歳ご
ろまでは自分一人で実施するよりもおとなのモデルや声かけがあるほうが上手
に取り組めるのに対して，4歳後半になるとおとなのモデルや声かけが子ども
の行動に妨害的にはたらき，うまく開閉できなくなることがあります（前田，
2011）．このおとなからの介入を教育的指導に置き換えて考えてみたとき，4
歳後半に見せたパフォーマンスの低下を教育的効果が見出せなかったととらえ
てよいのでしょうか．発達研究においては，条件に対して変化していたものが，
ある時期に条件の影響を受けなかった場合，もしくは，これまでとは異なる変
化が生じた場合に，そこに何かしらの発達的な変化が起きている可能性を考えま
す．左右交互開閉の例にあった4歳ごろというのは，外界のはたらきかけを内
面化し，自己のリズムへと結びつけて調整していく時期です．そして，うまく
いかなくても何度も気持ちを立て直して，試行錯誤しながら挑戦しようとしま
す．自分の中でやり方を一生懸命自分のものにしていこうとするときに外から
のはたらきかけが妨害的にはたらくことがあるととらえることもでき，その場
合は「そっと見守る」ことがこの時期の大切なはたらきかけになることもある
でしょう．子どもの“発達していこう”とする自己運動を踏まえて教育・保育
実践を考えていかなければ，指導によって子どもを変えていけるといった一方
向的な理解に留まってしまい，正しく教育・保育実践の中身を吟味していくこ
とにならないのです．

（2）自己変革の「ねがい」に導かれる

　発達とは白石（2014）が説明しているように「子どもが外界にはたらきかけ，
そこで外界と自分に起こった変化や新しく創造した事実を取り込み，様々な機
能，能力，人間的な感情を獲得し，新しい自己を形成していく過程」です．す
なわち，発達とは外界からのはたらきかけに受身的に応じていく「適応」の過
程ではなく，主体的に外界にはたらきかけていくことで外界と自己自身をつく
りかえていく「獲得」の過程であるといえます．特別支援学校の高等部に通う
息子さんをもつお母さんから興味深いお話を聞きました．息子さんは発語がな
かったため，小学部の頃からコミュニケーションカードで要求を伝えてもらう
ようにしていました．冷蔵庫の中に取ってほしいものがあるときは，冷蔵庫の

扉に貼ってある食べ物や飲み物のイラストカードをお母さんに渡して要求していました．そのような要求の方法を取り続けて10年が経ったある日のことです．息子さんがいつものように冷蔵庫の扉に貼ってある牛乳のカードを手に取り，母親に渡そうとします．母親がカードを受け取ろうとした瞬間，牛乳のカードを放り投げ，続いて扉に貼ってあるカードを全て床に放り投げ，自分で冷蔵庫を開けて牛乳パックを取り出し，そのままゴクゴクと飲み干してしまったというのです．後から息子の姿の意味を考えたお母さんは，息子が"こんなカードで伝えなくても，自分で牛乳くらい取れるよ！"と母親に訴えたのではないかと考えたそうです．これまでカードで要求したものを取ってもらっていた息子さんが，自分の行動は自分で決めたいと主体的に生活を送る新たな自己へと，自分自身をつくりかえていこうとする姿であったのでしょう．そして，息子さんの行動によって，お母さん自身がカードでコミュニケーションを取るしかないというとらえに縛られていたこと，息子の発達を固定的にみていたことに気づかされたのでした．

　このように，発達は自己をつくりかえていこうとする自己変革の「ねがい」に導かれて獲得されていくのです．そして，自己をつくりかえていくことは同時に外界をも，つくりかえていくことになるのです．その「ねがい」は個々の発達条件にともなって新たにつくりだされ，同時に外界の取り込み方や外界へのはたらきかけ方に変化をもたらします．

　保育園での「トイレのスリッパを揃える行動」を例に考えてみましょう．2歳児クラスになると，子どもたちはスリッパを揃えてくれるようになります．それが3歳児クラスになると，どういうわけか，多くの子どもたちがスリッパを揃えなくなります．そして4歳児クラスになると，子どもたちは再びスリッパを揃えてくれるようになります．一見すると，2歳児クラスと4歳児クラスに比べて3歳児クラスの子どもたちはスリッパを揃えることが「できなくなった」ととらえられてしまうかもしれません．しかし，この姿の背景には次のような子どもたちのねがいが潜んでいるのです．2歳ごろになると子どもたちの中に「他者への志向性」が芽生えてきます．そのため「スリッパを揃えている友だちと同じことをしたい！」「スリッパを揃えて先生に誉めてもらいたい！」というねがいでスリッパを揃えてくれるようになります．その「他者へ

の志向性」は3歳ごろになるとより強く友だちに向けられ，「（スリッパを揃えるよりも）早く友だちと遊びたい！」というねがいからスリッパを揃えることがおざなりになってしまうのです．そして，4歳ごろになると友だちへの興味は友だちの内面にまで向けられるようになり，「次に履く友だちのために」というねがいをもってスリッパを再び揃えるようになりはじめるのです．このように発達とは子どもの中からつくりだされる「ねがい」とともに，新たな見方・かかわり方・感じ方を自ら身につけていく営みであると言えます（木下，2010）．

2　子ども理解のための発達理論に学ぶ

（1）発達理論を学ぶ意味

　保育・教育実践において子どもの「手応え」が何であるのかを考えること，また，目に見える行動の裏に潜む子どもの発達への「ねがい」を想像することの重要性について述べてきました．子ども側の視点に立って「手応え」や「ねがい」を想像する手がかりを与えてくれるものの一つが発達理論です．

　近江学園の発達保障に根差した実践や多くの発達研究によって生み出された理論に「可逆操作の高次化における階層─段階理論」（以下，「階層─段階理論」）があります．発達理論とは私たち人間に共通して備わっている発達の枠組みや内的法則性のことです．発達理論を学ぶことで表面的な姿に目を奪われることなく，子どもの視点に立って外界へのはたらきかけ方や取り込み方が発達過程の中でどのように変わっていくのかを知ることができます．そして，実践と区別された発達の様相を把握することで，改めて実践の意義を確認することにつながるのです．次節からは「階層─段階理論」に基づいて発達の基本について説明していきましょう．

（2）「可逆操作の高次化における階層─段階理論」とは

　「階層─段階理論」では，外界を取り入れて新しい行動をつくりだすはたらきを自らのものにすることを「可逆操作」として抽出し，その操作が高次化していく過程を発達段階としてとらえています．「可逆操作」とは認識の仕方，

活動様式のことであり，子どもがどのように外界を取り込むか，どのように外界にはたらきかけるかはこの「可逆操作」が高次化することによって変わっていきます（田中，1987a）.

「階層─段階理論」においては，人間は生後から成人までの間に４つの発達の階層をもち，それぞれの階層には３つの発達段階が存在します（４ページの図参照）. 生後第１の発達の階層は体の軸を回転体として，それが１，２，３と高次化していく「回転可逆操作の階層」であり，通常の場合では乳児期前半の時期（生後から６，７か月ごろまで）にあたります. 生後第２の発達の階層は外界との接点（結び目）を指標にして，それが１，２，３と高次化していく「連結可逆操作の階層」であり，通常の場合では乳児期後半の時期（６，７か月ごろから１歳半ばごろまで）にあたります. 生後第３の発達の階層は行動の自由度を指標にして，それが１，２，３と高次化していく「次元可逆操作の階層」であり，通常の場合では幼児期から学童期前半の時期（１歳半ばごろから９，10歳ごろまで）にあたります. 生後第４の発達の階層は概念操作を指標にして，それが１，２，３と高次化していく「変換可逆操作の階層」であり，通常の場合では学童期後半から成人期までの時期にあたります. なお本書では，生後第４の発達の階層への飛躍的移行期（９，10歳ごろ）までを主にとりあげます.

こうして可逆操作の高次化にともない発達的自由が増大していくとされており，たとえば，「回転可逆操作の階層」では呼吸，吸乳，排泄などの代謝の自由，外界に対する感覚の自由，活動の自由を増大させていきます.「連結可逆操作の階層」では移動の自由に加えて，手によるものの操作の自由，要求の自由を，「次元可逆操作の階層」では直立二足歩行，道具の使用，話し言葉の操作などを取り入れた新しい活動の発達的自由が増大していくとされています. さらに，「変換可逆操作の階層」では，集団活動を基本として集団の規律にもとづく自由，文字式の使用にもとづく自由，具体的論理操作にもとづく自由などが連関し合った発達的自由の増大がみられます.

前の発達段階から次の発達段階へ移行する過程には「形成期」といわれる時期が存在します.「形成期」は獲得した可逆操作を量的に拡大，充実させていく時期であり，この量的拡大にともない，新たな質をもった可逆操作が発生し

てくるとされています.

（3）発達の質的転換期

　前の発達段階から次の発達段階に飛躍的に移行するところを「発達の質的転換期」といいます. 発達の質的転換期を越えて新たな発達段階に移行する際, 外界を取り込んできた枠組みが変わっていくことになります. それによって, 外界の見方や感じ方も一変するのです.

　たとえば, 世界で初めて発達診断と結びつけて知能検査を開発したフランスの心理学者ビネーは, 音読について, 7歳の子どもでは「見えるものを読む」のに対して10歳以上の子どもでは「見えたものを読む」として, 文字の読み取り方に質的な違いがあることを指摘しています（ビネー, 1961）.「見えるものを読む」7歳の子どもは, 目に入る文字を一字ずつ発音していくため音節的な読み方をします（いわゆる, 粒読み）. それに対して「見えたものを読む」10歳以上の子どもは, 2, 3文字先を目でとらえたうえで発音するため, まとまりをもった流暢な読み方をするようになるのです.

　発達の質的転換期を越えるということは, 文字の読み取り方のように, 自分を取り巻くあらゆるものをとらえる枠組み自体が質的に変わるということなのです. 他者との関係のとり方も同様であり, 冒頭に紹介した「スリッパを揃える行動」では他者への関心がおとなから友だちへ, そして友だちの気持ちへと質的に転換していました.

　このような枠組みの転換は, 突然に生じるものではありません. 前の発達段階から次の発達段階に飛躍的に移行する過渡期にある発達の質的転換期の状態について, 木下（2010）は「これまでの枠組みではとらえきれない現実にぶつかり, さりとてその問題をうまく収めるだけのかかわり方をわがものにしていない. それでもなお, 世界と向き合おうと新たな枠組みが萌芽しつつある状態」と説明しています.

　実態が目でとらえられるものではないため, イメージしにくいかもしれませんが, 私は思春期がこの状態を説明するのにはわかりやすいのではないかと思います. 思春期は親からの自立欲求が高まるとともに, これまで絶対的であったおとなの基準枠に疑いをもち, 他人や自分の存在にも不信感を抱いて揺れは

じめる．しかし，その疑いや不安を論理的に整理できるほどの思考を獲得しきれていない状態のなかでイライラ，悶々とする状態にあります．この状態は，まさしく質的転換期にさしかかっているといえるのではないでしょうか．

　潜在的にはこれまでの枠組みで世界を取り込むことに矛盾を感じているのに，うまく自分なりの処理ができないもどかしさは，苦しみとなり，ときにネガティブな行動となって現れることがあります．そのため，この時期は「発達の危機」とも呼ばれています．「かみつき」や「イヤイヤ」などはその代表例といえるでしょう．重要なことは，このような一見ネガティブに見える行動の背景に，「こうありたい」という子どもの発達へのねがいが存在しているということです．外側からだけでは見えてこない発達的事実が，視点を変え，子どもの内面に丁寧に寄り添うことで見えてくることがあります．ネガティブな行動を対症療法的に失くすことに向かわせるのではなく，発達してきたからこそ抱える矛盾や葛藤なのだということをまず理解し，どのような発達へのねがいが芽生えてきたのかを考えていくことが必要になるのです．

（4）「新しい発達の力」の誕生

　次の階層間への飛躍的移行を達成する「新しい発達の力」が，各階層の第2の発達段階から第3の発達段階への移行過程で，生理的基盤と教育的人間関係において内容が決定され，新しい交流の手段の萌芽をともなって誕生するとされています．新しい交流の手段とは，次の発達の階層を主導する役割を担うようになる交流手段を意味し，乳児期前半の発達の階層では4か月ごろに発声や自分からのほほえみかけ，乳児期後半の発達の階層では10か月ごろに「話し言葉」の萌芽，幼児期から学童期前半の発達の階層では5歳半ごろに「書き言葉」の萌芽，そして学童期後半から成人期までの発達の階層では中学2年生から3年生ごろに「社会的価値をつくりだす連帯の力」の萌芽が確認されるようになります．

　たとえば，乳児期前半の発達の階層における第2の発達段階から第3の発達段階への移行期である4か月ごろになると，あやされなくても，自分から相手に微笑みを向けてくるようになるなど（「人しり初めしほほえみ」），人とのやりとりにおいて能動性をもった主体の兆しが確認されるようになります．原始

反射の減衰や首の座り，拇指の開きなどと連関しながら，外界の変化を能動的に取り入れていこうとする志向性の芽生えがこの時期の「新しい発達の力」を生成していきます．この志向性は乳児期後半の発達の階層において主導的な役割を担っていくものになります．

　乳児期後半の発達の階層における第2の発達段階から第3の発達段階への移行期である10か月ごろには，次の階層において主導的な位置を占める諸機能（直立二足歩行や道具の使用，話し言葉の獲得など）で必要となる新たな質がもたらされるようになります．具体的には，10か月ごろになると四つばいやつたい歩きをしながら，目標に向かって移動しはじめます．その道中に段差や斜面などの抵抗があっても，移動行動への意欲を失いません．このような力は直立二足歩行につながる基礎的な力量といえるでしょう．また，2個の積木を持つとそれを正面で打ち合わせる，器を出すとそこに積木を入れようとする，柄のついた鐘を渡すと柄をつかんで横に振ったり，人差し指で鐘舌をいじったりと道具に応じたさまざまな定位的調整をする姿を見せてくれます．さらに，「ナイナイしてね」「ジョウズジョウズ」などの声かけをともなう動作を真似しては相手に視線を向けて，ほめられると喜んで繰り返しその動作を行うなど，模倣を介して相手と情動的な共有を図ろうとします．次第に，言葉だけでその動作を引き出すことができるようにもなりはじめます．このように，10か月ごろには相手の話し言葉に注意を向ける，動作による定位的調整が引き出せる，相手とものを介して関係を結びながら気持ちのやりとりを調整していくようになる，こういった力を次の発達の階層に移行していくうえでの「新しい発達の力」としてみていくことが重要となるのです（白石・白石，2009）．

　特に，1歳半の発達の質的転換期がなかなか越えられない人の場合には，その要因の一つとして，10か月ごろの「新しい発達の力」の誕生に弱さを抱えていることが指摘されています．その事実に目を向けず，1歳半ごろの発達の力の獲得をめざしてしまうことで，相手と気持ちのやりとりを調整することなく，言葉や道具の使用ばかりを強める事態を招いてしまうかもしれません．そのような発達の空洞化を生じさせないためにも，「新しい発達の力」のすこやかな誕生とその充実を支えていくことが極めて重要となるのです．

（5）人格形成の発達的基礎

　人格の形成にとってどの時期も重要なのですが，発達の各階層のとりわけ第
1の発達段階から第2の発達段階にかけては，生理的基盤と教育的人間関係に
おいて人格の発達的基礎の新しい結合性が成立しはじめるとされています（田
中，1987b）．この時期は矛盾に満ちた姿を脱却しつつも，一面で極めて不安
定ともいえる姿をみせることが指摘されています．たとえば乳児期前半の発達
の階層における第1の発達段階から第2の発達段階への移行期である生後2か
月ごろでは，外界からの刺激を感じ分けるようになることでその刺激の先を見
たい思いと，首が座っていないために見ることができないという矛盾によって
不機嫌さが確認されます．また，乳児期後半の発達の階層における第1の発達
段階から第2の発達段階への移行期である生後8か月ごろでは，目標をとらえ
ることができるようになり，それを取りたい，そこに移動したいができないと
いう矛盾を抱えることで「8か月不安」などの感情的な不安定さを見せること
があります．幼児期から学童期前半までの発達の階層における第1の発達段階
から第2の発達段階への移行期である2，3歳ごろでは，自他の2次元的関係
性に揺れるなかで「第1反抗期」といわれるような姿を見せることがあります．
　2，3歳ごろの発達にある子どもの発達検査場面においては，モデルと同じ
形を積木で構成したり，紙に描くように指示されると，モデルとは異なるもの
を見立ててみせたりします．もしくは，検査課題には応じなくても，検査者と
の遊びの中で「このワンちゃんが乗るトラックを作ってください」とお願いす
ると作ってくれることがあります．1歳半ごろの「…デハナイ…ダ」といった
活動様式を内にもった力を拡大させ，対の世界を広げていくこの時期には，
「あなた―私」といった対の関係において対等であることに誇りを感じ，「あな
たデハナイ私」が行動の担い手であることに一層の値打ちを感じるようになり
ます．そのため，「させられる」といった対等でない関係にもち込まれること
に強く反発します．「見立て」によって応じようとする姿は，自他の関係にお
いて対等でなくなる不安定な状況を，見立てを介して対等な関係として成立さ
せようとしている姿の表れなのだと思われます（人間発達研究所運営委員会，
2008）．

このように各階層における第1の発達段階から第2の発達段階への移行期は，外界の影響を受けながら多様な発達の姿をとる自由度が広がる時期であるといえます．そのため，教育・保育実践の重要性がより実感される時期でもあり，だからこそ，「不安定」の中身を発達的に丁寧に把握しておくことが重要になります．

（6）発達における連関

　これまで述べてきたように，発達とは外界にはたらきかけ，可逆操作を高次化していくなかでさまざまな機能，能力，人間的な感情を豊かにしていく過程であるといえます．この機能や能力をバラバラにとらえるのではなく，その繋がりを統一的に把握することで，その人の全体像が立体的に見えてきます．この機能や能力を横の繋がりで見ていくことを機能連関といいます．たとえば，1歳半ごろの発達をむかえた子どもについて，「運動機能において長時間一人歩きができる，手指操作では積木を高く積める，言語面では聞かれたものをイメージして，正しくその絵を指させる」と機能ごとに語られても，その子の全体像はなかなか見えてきません．それよりも，各機能をつながりの中でとらえ，「積木をもっと高く積みたいという本人なりの目的がしっかり出てきたことで，先生の"公園行こう"の声かけで目的をイメージすることができる．それによって，道草を楽しみながらでも目的に向かって，長時間歩いて向かう姿が見られるようになってきた」と語られるほうが，その子のリアルな姿が見えてきます．さらに，「このような時期において，こちらが飽きるくらい気に入った活動を繰り返すのは，目的を達成する喜びを感じたいからなのかもしれない」，「それならば，その子なりの目的がつくりやすい関わりや達成するときの喜びをもっと感じてもらいたい」というふうに，子どもの行動の裏に潜む思いやねがいを考えるきっかけとなり，実践的な手立てを考えるヒントになります．子どもの発達を機能連関によってとらえることは，特定の機能や能力の獲得を目指した一方的な指導へ陥らないための重要な視点になっていきます．

　また，獲得した能力は今までのどういった能力を土台にして育まれてきたのか，さらには，これからどのような能力に繋がっていくのか，発達を縦の繋がりでみていくことを発達連関といいます．幼児期における主な交流手段となる

話し言葉は，4か月ごろにみられはじめる「人しり初めしほほえみ」を経て，10か月ごろにみられはじめる相手を見ながら興味のあるものへの指さしなどを土台にして備わっていきます．このような見方は発達の道筋において発達段階をぶつぎりにではなく連続的にとらえることを可能にするとともに，次の発達への見通しがもてるという点で実践的な手がかりを与えてくれるものにもなります．

3　発達理論は保育・教育実践にどのように寄与するのか

（1）ヨコへの発達

　「できなかったものができるようになった」「活動様式がより高い水準へと高次化する」といった縦軸でとらえる発達を「タテへの発達」としたとき，「ヨコへの発達」は獲得した力を量的に拡大していくことであるといえるでしょう．田中は「ウエへのびるだけが発達ではなく，むしろヨコへひろがること，つまり獲得した可逆操作の交換性を志向的に高めていくことによって，他の人とおきかえることのできないその人なりの輝きをもった主体性をきずいていく」と述べています（田中，1997）．できないことをできるようにしようとする，そのようなベクトルによって実践がなされたとき，子どもへの発達的視点は軽視されてしまいます．発達とは主体的に外界にはたらきかけていくことで外界と自己自身をつくりかえていく「獲得」の過程であり，自己をつくりかえていきたいといった自己変革のねがいに導かれるものであることをすでに述べました．目の前の子どもが何をねがっているのか，その議論なしに，上へ上へと伸ばす方向にだけ実践がなされるべきではありません．獲得した力をたっぷりと充実させていく方向へ実践が展開されるなかで，誰とも置き換えることができない輝きをもった「その人らしさ」がふくらみます．その充実が新たな発達要求を芽生えさせ，タテへの発達へと子ども自身が向かっていくことにもなるのです．
　ある保育園でマサミちゃん（仮名）という女の子と出会いました．マサミちゃんは保育園の5歳児クラスに通っています．4歳の時に保育園に通いはじめ，2年目になります．重度の肢体不自由があり，一日を車椅子で過ごしています．首は座っていませんが，ネックサポートをあてるとわずかに周囲を見渡したり，

時間をかけて両手を動かしたりすることができます．ある時，マサミちゃんの
お母さんが「この前，療育センターで発達検査を実施してもらったのですが，
何年間もずっと検査結果が同じなんです．この子は何年ものあいだ何も変わっ
ていないのでしょうか」とつぶやきました．その後，続けて「でも，この子を
保育園に通わせてから確実に変わっている気がするのです」と話されました．
それは私も他の保育者も感じていることでした．

　マサミちゃんの大好きな遊び道具の一つに「ビックリたまご」という手作り
の教材があります．大きな段ボールに卵の絵が描かれており，マサミちゃんが
ゆっくり卵をノックすると，タマゴから緑色の蛙のパペット人形が出てきます
（私が段ボールの裏からパペット人形に手を入れて登場させています）．緑色の
蛙が「コンニチハ！」と顔を出すと，必ずマサミちゃんはニコーッと笑うので
す．「ヨシヨシしてあげて」と声をかけると，マサミちゃんはゆっくりと蛙の
頭に手を伸ばします．このやりとりがマサミちゃんはたまらなく好きなのです．
ところが，ノックをして出てきた蛙が青色のパペット人形だと，さっと表情が
曇ります．目をつむって見ようとしないことも多々あります．「ヨシヨシして
あげて」にも無視です．こんなに態度が違うものかとお母さんも私たちも驚き
ます．以前はこんなにはっきりと態度を変えることはありませんでした．保育
の中でも「マサミちゃん，雑巾がけするよー」，「太鼓叩くよー」に対して本当
に嫌そうな顔をするようになってきました．大好きな友だちが横に座るとニコ
ニコ嬉しそうにする姿も見られるようになりました．実は，見たいテレビ番組
など好きか嫌いかで態度が違うことは家庭ではよくあったそうです．保育園に
通いはじめて，その表出を向ける範囲が広がってきたのです．表出がはっきり
しはじめることで，マサミちゃんの意思と関係なく「させられる」ことが圧倒
的に減少します．マサミちゃんは家庭内だけでなく保育園でも自分の思いをベ
ースにした生活が送れるようになってきたのです．

　保育や教育の目標設定や評価において，より具体的に「できる」ことや能力
水準の向上がめざされつつあるなか，「タテへの発達」が難しい重度の障害の
ある人たちの姿をどのように記述するかが問題となります．ときには，マサミ
ちゃんのように何年にもわたって「変化なし」といった記述で終わってしまう
こともあるでしょう．「ヨコへの発達」とは，マサミちゃんが見せてくれたよ

うに，今ある力が違った場所，人，活動に向けられ，そのなかでより力を豊かに，確かなものにしていく．それによって，かけがえのないその人の個性を形成していくことだといえます．「ヨコへの発達」をとらえることは，何年も同じ発達段階に留まっているように見える重度の障害のある人に対する考え方を大きく変えることになるのです．「三歳の精神発達でとまっているように見えるひとも，その三歳という発達段階の中身が無限に豊かに充実していく生き方があると思う．生涯かかっても，その三歳を充実させていく値打ちが充分にあると思う」と糸賀（1968）が述べているように，横に広がる発達の中身である，その人のかけがえのない個性を豊かにつくりだしていくために，教育や療育のあり方がいっそう問われていくことになります．

　ただし，違った場所，人，活動に向けられるということだけが注目され，主体をくぐらない「いつでも，どこでも，だれとでも」が実践的な目標に掲げられるのは，少し違うのではないかと感じています．「ヨコへの発達」は単に能力の汎化を意味しているものではありません．「今できていることを，どんな状況でも発揮できるようにしておかなければ」という思いは，ときに個人の人格を無視した「適応」の姿だけを求めることになってしまいます．「ヨコへの発達」とは多様な社会とのつながりを知るなかで，自分なりの気持ちが込められるひとときや場所，人間関係を子ども自らがつくりだしていくことなのではないでしょうか．

（2）「新しい発達の力」と保育・教育実践

　発達を先導する「新しい発達の力」の誕生に，周りの環境や教育・保育はどのような影響をもたらすのでしょうか．なかなか自分ではスプーンを使って食事をしない子どもが，保育園に入ったことをきっかけにしてスプーンを自分で使おうとすることがあります．友だちが周りにいて，スプーンを使って食べていて，先生が笑っていて…そんな雰囲気の中で，「自分で食べたい」，「自分もスプーンを使いたい」という発達要求が芽生えていきます（これは前述した10か月ごろの「生後第2の新しい発達の力」の誕生）．しかし，そう簡単には使いこなせません．「スプーンを使わせたい」という先生の教育的要求にもとづく指導を受けて，その子どもは次第にスプーンを自らの力で使いこなすように

なっていきます．

　この例において，子どもがスプーンを使いこなせるようになるための条件として何が必要なのでしょうか．ここで重要なのは，子どもが外的環境を取り込みながら自ら発達要求をつくりだしていったということではないかと思います．集団の中で芽生えた「自分で食べたい」という発達要求により食べ物を手づかみで口に持っていこうとするようになります．そのような自分の力で食べる力を蓄えることが，やがて「スプーンを自分の力で使いこなす」ことに繋がっていくのです．子ども自らによってつくりだされた発達要求にもとづく教育的指導が行われるなかで，自らを変革していくという営みが行われたのです．だからといって教育は発達において無力なのかというとそうではなく，いっそう，子どもの発達的事実や発達要求に裏づけられた指導，実践の中身が問われてくるのだと思います．スプーン指導においては，ともすればマンツーマンの指導になってしまいかねない場において，発達要求がつくりだされるきっかけとなった集団を保障することが大切であったとともに，「自分で食べたい」という発達要求がしっかり育ってきたタイミングなのか，子どもの発達の道筋との関係でどのようなときに指導が成り立つのかも常に考えなければならないのです．「新しい発達の力」と教育との関係においては，「集団」と発達的な「見通し」を解体せず，子どもの内側から発達要求がつくりだされるようにしていくことが重要なのです．

　次に生後第3の「新しい発達の力」と教育との関係について考えていきます．5，6歳ごろにあたる3次元形成期にいる子どもたちや障害のある人たちは，「小・中・大」，「昨日・今日・明日」といった単位をもった三次元的な世界のきりひらき方をわがものにして，「値打ち」をつくりだそうとしています．「良い―悪い」ではない多様な価値を外界や自分の中に見出し，「さっき・今・次」と時間的な系列の中で何かをつくりだしていくこと，大きくなっていくことに喜びを感じます．また，文脈をつくっていく力を発揮して仲間と意見を交わし合い，伝え合う喜びが，次の交流の手段である「書き言葉」のもとになる力になっていきます．ところが，障害のある子どもたちに対する生活指導や作業学習，学習評価の到達度チェックなどにおいて「行程」を細分化し，集団を解体するような動きがあります．田中（1974）は「発達に必要な単位をもった

教育の過程が要素に解体された教育の過程になりかけたら注意が必要」と警鐘を鳴らしています．5歳児は本番を楽しみにしながら運動会や劇の練習に友だちと共同して取り組むようになりはじめます．児島（2020）の実践では3次元形成期にある中学部3年生の舞ちゃんが「ふれあいまつり」に向けてトウモロコシを育て，実をばらし，ポップコーンを作って販売するプロセスのなかで仲間と悩んだり，話し合ったりする経験を通して，豊かな「自分づくり」を行う姿が報告されています．仲間と時間的系列の中で何かをつくりだしていくこと，大きくなっていくことに手応えや喜びを感じるこの時期に，何のためにするのかの具体的な見通しがもてないまま，目の前の活動だけを切り離してさせられてしまうことが，自己の内面をくぐって活動の導き手になることを奪い，発達要求をつくりだす主体を豊かに育んでいくことにはならないのです．

（3）「問題行動」を発達要求ととらえて実践の中で実現をはかる

1次元可逆操作を獲得する1歳半ごろの子どもたちが過ごす保育園のクラスでは「かみつき」が頻繁に問題としてあげられます．このような「問題行動」に対して田中（1988）は「…デハナイ…ダ」といった1次元可逆操作を内にもった行動を重ねていくような活動が十分に展開されないような状況にあるとき，たとえば，水や砂を容器に入れて運んで，空けてを拡大していくとか，積木を部屋いっぱいに並べたり，積み上げたり，上がったり下りたりといった活動ができない状況にあるときに現れる姿であるとしています．その場合に，ビニールプールの中であれば，噛んだ子にホースを渡して，先生と一緒に順番に友だちの持っているオモチャに水を入れてもらうことで，先生と一緒に，みんなの中で"今度はあの子，次は…"というように「…デハナイ…ダ」という1次元可逆操作ができるようにしてあげる，言葉で気持ちをかみ合わせる前の子どもたちにとっては，この時期にふさわしい道具を操作して気持ちをかみ合わせるようにしてあげることで，「かみつき」の必要性がなくなってくるのです．

ある保育園の1歳児クラスでは，手製のポットン落としで子どもたちが嬉しそうに遊んでいました．そのポットン落としは子どもたちの腰くらいまでの高さのあるゲームボックスの上面や横面に，3面ほど小さい穴がいくつか空いたシートを貼り付けているだけのオリジナルです．数人の子どもたちがそのポッ

トン落としに群がり，ある子はヨコの穴からボールを入れたり，上の穴から入れたり，それを見ていた別の子は"じゃあ，僕はここから"と違う穴にボールを入れます．ボールを入れている穴を下からのぞき，ボールがどんなふうに入っていくのかをじっと見ている子どもの横から，もう一人の子どもものぞき込みます．一つの遊び道具でさまざまな「…デハナイ…ダ」が展開されながら，子どもたちの気持ちが交わされていきます．1歳半ごろの力を豊かに発揮してもらうために，おもちゃや遊び場が十分にあって，先生や友だちと気持ちが交流できるような保育の時間や場所，はたらきかけ方をもっと工夫していく．そのようななかで，「…デハナイ…ダ」といった活動が次々と引き出される関係をつくりだしていくことが保育・教育実践において意識的に取り組まれることが重要なのだと思います．

　「問題行動」を発達要求としてとらえ，保育・教育実践のなかで実現を図ること，それは障害のある子どもの場合も同じです．療育センターに通う4歳のケンタ君（仮名）は，他児のおもちゃを壊し，叩いてまわるということで先生たちは頭を抱えていました．唯一，興味のあるのがクルクル回る天井につけられた扇風機や換気扇でした．それをずっと見ていて一日が終わる．先生方は，扇風機にビニールをかぶせたり，撤去したほうがよいのかを話し合う毎日でした．ある日，先生が小さいレゴブロックで扇風機を作ってみると，ケンタ君が興味を示したのです．それから，ブロックで扇風機を作ることにはまります．そこにはスイッチも作ってあって，それをケンタ君がピッと押すと，そばにいた先生が回ってみました．このやりとりが気に入り，ケンタ君がスイッチを押しては先生が回るという遊びを繰り返します．徐々に先生がスイッチを押すとケンタ君が回る遊びに変わっていきました．それが周りの子どもたちにも派生し，みんなで部屋中をグルグル回って楽しむようになりました．この遊びを通してケンタ君の中で先生や友だちが楽しい存在として位置づいていきます．このころから友だちを叩いたり，おもちゃを壊すことがなくなります．やがて，ブロックで掃除機を作っては，友だちにも作り方を教える姿や，絵を描く友だちのとなりで扇風機や掃除機を描く姿が見られるようになりました．

　他児のおもちゃを壊す，他児を叩くといったケンタ君の行動は，他児と気持ちをかみ合わせるものを求めている姿であったととらえることができます．そ

のような発達へのねがいを実現していくうえで，「こだわり」ととらえられて
しまいがちな大好きなものを，他者と繋がるための媒介物として遊びにいかに
取り入れていくかがこの実践の要であったといえるでしょう．「こだわり」は
ときに失くしていくべきものとして扱われることがあります．それを，外界と
繋がるための大切な戸口ととらえ，遊びに発展させていけるところに実践の魅
力や力があります．「問題行動」を発達のねがいとして受けとめ，実践の中で
実現を図っていくためには，障害特性を超えた発達的な視点が教育・保育実践
の担い手には求められるのではないでしょうか．

4　結びにかえて

　発達理論と教育・保育実践の関係について「階層─段階理論」を軸にみてき
ました．「子どものねがいを大切にする」ということが単なるおとなの側の心
構えとしてでなく，子どもがどのように獲得した力を発揮したいとねがってい
るのか，それはどのような活動のもとで実現できるのか，そこにどのような教
育的人間関係が求められるのか，指導者側が教育的ねらいをもって実践をつく
りだすことが求められます．そこには，発達理論に裏打ちされた教材や素材を
丁寧に組み込んだ魅力的な活動や遊びという仕掛けを必要とします．
　発達理論とは私たち人間に共通して備わっている発達の枠組みや内的法則性
のことだと説明しました．そのような枠組みによって子どもの姿をとらえるこ
とは，子どもの発達を画一的にとらえることに繋がるのではないかと思われる
方がいるかもしれません．しかし，これまでに述べてきたように，子どもの内
側から生まれる発達要求，発達へのねがいは人間関係を含む多様な外的環境と
の相互作用の中で子どもの内側から生まれます．「発達段階によって，要求や
揺れの中身は変化するのである．発達段階による共通した特徴を背景にもちな
がら，具体的な要求の内実は，その人がおかれている集団や生活，教育との関
わりでつくられていくのである．（略）発達段階という共通性・普遍性をくぐ
るからこそ，彼らの生活年齢や生活経験の蓄積の意味を正しく評価することも
可能になるのである」と白石（2009）が述べているように，発達段階がもつ共
通性・普遍性を正しくとらえることが，一人ひとりの個性豊かな発達要求を想

像する手がかりを得ることに繋がるのです.

　ただし，子どもの実態を通り越して発達理論の枠組みに子どもの姿をあてはめて，「この時期だからこうあるべきだ」と実践の目的にするのは本末転倒です．子どもの姿を丁寧に観察することから始まり，発達理論を手がかりに仮説を立て，それを実践の中で検証していくことが求められるのです.

文　　献

ビネー，アルフレッド（1961），波多野完治訳，新しい児童観，明治図書.

糸賀一雄（1968）福祉の思想．日本放送出版協会.

木下孝司（2010）子どもの発達に共感するとき──保育・障害児教育に学ぶ．全障研出版部.

児島陽子（2020）小学部・中学部期の「自分づくり」とその支援──舞ちゃんの９年間の育ちを通して．人間発達研究所紀要，第33号，pp.18－40.

前田明日香（2011）両手左右間における交互的調整の発達と言語の役割──左右両手交互開閉課題を用いて．立命館人間科学研究，第22号，pp.29－43.

人間発達研究所運営委員会（2008）第２部　対の世界を捉える視点．2008年人間発達講座テキスト．ゆたかな“対の世界”を実践の中で──２歳半ばから４歳頃までの発達，pp.16－36.

白石恵理子（2009）知的障害の理解における「可逆操作の高次化における階層─段階理論」の意義．障害者問題研究，37（2），pp.22－29.

白石正久・白石恵理子編（2009）教育と保育のための発達診断．全障研出版部.

白石正久（2014）発達と指導をつむぐ──教育と療育のための試論．全障研出版部.

田中昌人（1974，復刻版2006）講座　発達保障への道①児童福祉法施行20周年の証言．全障研出版部.

田中昌人（1987a）人間発達の理論．青木書店.

田中昌人（1987b）発達保障の発達理論的基礎．田中昌人・清水寛（編）発達保障の探求，全障研出版部，pp.143－179.

田中昌人（1988）講座　人間の発達　第37回自我の誕生をめぐる指導上の留意点その３．みんなのねがい，No.236.

田中昌人（1997）全障研の結成と私の発達保障論．全障研三十年史──障害者の権利を守り，発達を保障するために，全障研出版部，pp.439－575.

Ⅲ 発達の質的転換期とはなにか
──その発見と実践研究

1章　乳児期の発達段階と発達保障

白石正久

1　障害の重い子どもたちが教えてくれたこと

（1）映画『夜明け前の子どもたち』から

　「わからないことが多過ぎる．しかしこの子どもたちも，人に生まれて人間になるための発達の道すじを歩んでいることに変わりはない．そう考える人たちがいる．障害をうけている子どもたちから，発達する権利を奪ってはならない．どんなにわからないことが多くても，どんなに歩みが遅くても，社会がこの権利を保障しなければならない．そう考える人たちがいる」．

　これは，1963年に開設された重症心身障害児施設びわこ学園（現在のびわこ学園医療福祉センター草津および野洲）の療育を記録した映画『夜明け前の子どもたち』（1968年）の冒頭のナレーションです．当時，学校教育法に規定される「就学猶予・免除」によって不就学を強いられていた障害の重い子どもたちは，まさに「発達する権利」を奪われ，生命と尊厳の保障からも疎外された存在でした．その時代にあって，抗するように「社会がこの権利を保障しなければならない」と発達保障の理念を掲げた施設実践が取り組まれはじめたのです．

　この子どもたちは歩けないが，心はどんなふうに歩こうとしているのだろう，手は使えないが，あの手の動きはなにを表現しようとしているのだろう，見えないし聞こえないようだが，「心の窓」がどこかに開いていないだろうか．黎明期の重症児の療育に携わった人々は，その障害の重さにたじろぎつつも，子どもの内面，つまり精神に自らの視座を移して，人間的な心理を透視しようとしたのでした．

（2）シモちゃんの笑顔

　それは自分たちのまなざしを子ども
の側から見つめ直し，自己変革してい
こうとする実践でもありました．「寝
たきり」の重症児と言うが，実は「寝
かされたきり」なのではないか．いつ
も「寝ている」のではなくて，覚めて
いる時間もちゃんとあるではないか．
ひょっとすると腹ばいになったり横向
けになったり，そんな姿勢もとれるし，

写真1
映画『夜明け前の子どもたち』から「シ
モちゃんの笑顔」

とりたいのではないか．いつも床の上にいるのではなく，抱き上げてみよう．
乳母車にも乗せてみよう．そのまま散歩に出て，ガタガタ道を進んでみたらど
んな顔をしてくれるだろう．はたらきかけてみなければ，子どもの本当のこと
は見えてこないのではないか．

　『夜明け前の子どもたち』にはシモちゃんという男の子が登場します．シモ
ちゃんは，「目も耳も私たちをこばんでいる．表情にはそよぎもない」とナレ
ーションに言わしめていた最重度の子どもでした．そこからシモちゃんへのは
たらきかけは始まります．たしかに「寝たきり」であったシモちゃんでしたが，
乳児期後半の基本姿勢である座位をとらせてみると，仰向けでは動かない左手
を動かそうとし，足に振動を伝えてみると手も動かそうとするのでした．さら
に手指にリズミカルに触れてみると，3拍子が心地よいようで，もっともよい
表情になりました．ちょっと負荷が大きいと思える抵抗を与えてみると，まる
で一本の幹のようにみえたシモちゃんが，からだの軸から手や足，指が，枝の
ように，モミジの芽吹きのように，外界に向かって動き出したのです．そして
生まれてから10年間，けっして笑うことのなかった彼が，春からの粘り強いは
たらきかけのなかで，初めての「笑顔」を見せた秋の日へと映画は進んでいく
のでした（**写真1**）．「シモちゃんが笑った．先生たちも，私たちもとてもうれ
しかった．姿勢をかえ，体全体をゆさぶる試みを続け，そして末端の手の先に
与えられたリズムが体の中のエネルギィをほころびさせ，花をひらかせた．笑

顔とみるのは，もしかしたら間違いかも知れない．だが先生たちに笑顔は確か
に貯えられた．私たちにはそれがすばらしかった」．シモちゃんの笑顔は，人
を意識して表出されたものかどうかわかりません．しかし，先生方はその笑顔
を笑顔として受けとめ，喜びをもっていっそうシモちゃんにはたらきかけてい
ったのです．そうやって，子どもの心のなかで人が確かさをもった存在となっ
ていくのです．

　この映画を監修した田中昌人は，シモちゃんらの実践を分析しつつ，さらに
障害のない乳児の発達を観察しながら，躯幹から四肢が，そこから手指が，外
界を志向する軸として分化していく様相や笑顔の変化の意味をとらえ，乳児期
前半の発達の階層と，そのなかにある3つの段階を抽出して，「回転可逆操作
の階層―段階」としたのです（田中，1974）．

（3）三井くんの「心の窓」

　この映画には，三井くんも登場します．「三井くんの発達段階は生後9ヵ月
目に相当するそうだ．入園したてのせいだろう．他の子どもたちになじめず，
心を内にとざす時，特徴的に示すという同じような動きのくり返しがあるばか
り」とナレーションは語ります．「同じような動きのくり返し」は，機嫌の悪
いときに自分の頭を強く叩く行動のことです．職員は「あの子，自分で頭をた
たきますわ，あれすごい力ですね．…あの時どうしてかしらと思いますね．オ
ムツじゃないかとか，座らしてみたり．そんなにしても泣きやまないと，何が
気にくわないのかしらってこと，しょっちゅうありますね」と言います．その
行動は，自分の手で自分を叩くという内向きのことなのですが，同時にそのこ
とによって，まだ表現しようのない気持ちを表わそうとしているように職員に
は思われたのでした．つまり，何ごとかを表現しようとしながら，外界との接
点と表現の方法をつくれていない彼のもどかしさを職員は感じとったのです．

　そういった三井くんをとらえて田中昌人は，「指導者も，前にちゃんと立っ
て，そして支えを入れる．つまり手をだすとかあるいは道具をだすとかという
ふうに，あるいは声をかけるというふうな向い合った関係で，そうゆう基本的
な関係をまず最初の基本姿勢としてちゃんと最初作って，それからいろんなこ
とが始まるんじゃないかと思います」と提案していきました．

そして三井くんのいるグループでは，みんなで紐を握って先生といっしょに歌いながら，からだでリズムをとる「リズム運動遊び」が取り組まれはじめます．「さそいだしのリズムをかける．子どもたちはそれに共鳴して自分のリズムを，自分の感情を表にだす．友達から友達へ，呼び，応え，それがみんなのリズムとなって高まり，ひろがる」．

　そのころ，三井くんに変化が生まれてきました．ある看護師は語ります．「あの子いつも思うんですけど，こう子どもにかぶさって行くでしょ，他の子どもに．ああいう時は不思議に思って顔をのぞきに行くと，何か全然無関心な顔をしてやっているんですね．その子には全然無関心なくせに，（その子から）離すとギャーと泣きだす．どうしてかしらと思って何回かのせたり離したりしてみたこともあるんですが，やっぱりあの子でも，なんていうか，対人関係というものがありそうな気がしますね」．友だちと視線をあわせたり，微笑みかけたりする感情の表現はないのに，三井くんは友だちに這い寄って覆いかぶさり，離れようとしないのです．また友だちからは一方的に「ちょっかい」をかけられても，けっしてそこから逃げようとはしません．

　それは，閉ざすしかなかった心が，移動運動と手のはたらきかけを使って，外界へ「心の窓」を開きはじめている姿にみえました．自分を叩くしかなかった手が，なかまとつながるための手に変化していったのです．しかも閉ざされていた分，強く，しっかりとした形で．

　ナレーションが解説した「生後9ヵ月目に相当する」とは，一つだけの心の窓ではなく，「あれも」「これも」と外界に自発的な活動を盛んに起こし，その外界の中心に人間を位置づけるようになる乳児期後半の発達段階の一つのことです．そのとき手ではたらきかけたおもちゃが変化したり，はたらきかけた相手からはたらき返されると，子どもはそれを契機に，活動をさらに「つなげて」次の活動を展開していくようになります．

　この1960年代の後半において，田中昌人は，子どもが事物・事象をとらえてはたらきかけていく際の外界との接点のつくり方や他者との関係が，段階を追って変化していく様相を見出しはじめていたのです．その接点を結ぶ子どもの活動の様式を「連結」，そして接点の数を「示性数」という「穴あき数字」を示す言葉で象徴的に表現したのでした．それが乳児期後半の発達段階である

「連結可逆操作の階層―段階」です.

　シモちゃん, 三井くんもそうであったように, 子どもの活動の対象として, あらゆるものごとを凌駕して意味をもつのは「人」でした. その人への心の窓が, 子どものおかれた環境条件, あるいは障害などの内的条件によって開きにくくなる事実があることも, この初期の実践や発達研究は見出していました. しかし一方で, 教育的なはたらきかけや集団のあり方によって, 押しとどめられていたものは急速に, そして力強く萌え出てくることも, 子どもたちは示してくれていたのです.

2　乳児期の発達の階層―段階

　こういった実践のなかで認識されてきたのは,「できないことができるようになる」という観察可能な子どもの事実だけではなく, その事実が発達の道すじにおいてどのような意味をもつのか, そのとき教育的はたらきかけはどのような役割を果たすのかということです (「Ⅱ　発達理論と教育・保育の実践」参照). このような発達の「しくみ」をとらえる視点によって, 乳児期の前半 (回転可逆操作の階層) と後半 (連結可逆操作の階層) を具体的にみていきましょう. 4ページの「発達段階の説明図」も参照してください.

(1) 乳児期前半の3つの発達段階

　田中昌人の「可逆操作の高次化における階層―段階理論」によれば, 1つの階層のなかに新しい階層への飛躍のときを第1段階として, 3つの段階があります. この3つの発達段階が高次の階層においても同じように見出されるとするところに, この理論の一つの特徴があります. つまり発達はそれぞれの発達の階層において3つの発達段階を形成しながら, まるで螺旋階段を上るように高い階層―段階に移行していくのです. いわば「発達は (より高いレベルで) 繰り返す」のです. その意味を乳児期の前半と後半を対比させて捉えてみてください. また, 幼児期の次元可逆操作の階層の1次元可逆操作期 (第2章), 2次元可逆操作期 (第3章), 3次元可逆操作期 (第4章) も, さらに上位の螺旋階段の3つの段階です.

生後1か月ごろの回転軸1可逆操作期では，四肢が躯幹と一本の軸のように一体化しています．四肢を屈曲させた姿勢を基本としつつ，顔の向いた側の上下肢を伸展し，後頭部側の上下肢を屈曲させる非対称性緊張性頸反射（ATNR），びっくり反射とも言われるモロー反射，手掌に触れたものを握り込む手掌把握反射などの原始反射が顕著に現れます．

写真2
お姉さんに気持ちが向かうとともに，典型的な非対称姿勢になった（生後2か月児）

仰臥位では，非対称姿勢をとっていることが多いでしょう（**写真2**）．手指は，拇指を内に折り込んでおり，指を随意的に対向させることはありません．光や音などの刺激は，「点」のように受けとめているようで，持続的に追視したり音源を探そうとする動きはみられない段階です．

　3か月ごろの回転軸2可逆操作期になると，四肢が躯幹との一体化から自由になり，もう一つの軸のように動くようになって，緩やかに屈曲と伸展をくりかえします．そして拇指は手掌から離れて，ガラガラを持たせると握りこみ，自分の手と手を触れあわすこともできるようになります．躯幹から分化した四肢の随意的な動きが可能になって原始反射は減衰していきます．仰臥位は，対称姿勢をとっていることが多いでしょう．左右，頭足方向に追視して戻り（可逆追視），外界を連続性のある「線」のように受けとめているようで，音源を探すように頸と眼球を動かすようになります．

　5か月ごろの回転軸3可逆操作期になると，四肢がいっそう自由に動き，さらに指が第3の軸のように随意的に開閉するようになり，目の前の対象に手指を伸ばして触れ，把握しようとします（**写真3**）．さらに手指で足先をつかむこともできるようになります．360°の全方位追視ができるようになり，外界を「面」のように広がりをもって受けとめているようで，追視し，音源を探索して，それを見つめながら把握しようとする目と手の協応ができるようになります．さらに負荷の大きい支え座りの姿勢でも，同水準の外界探索ができるようになるでしょう．

写真3
正面のガラガラに右手が指を開きながら到達し
ようとする（リーチング反応）．「生後第1の新し
い発達の力」が誕生すると，支え座り（支座
位）が負荷にならず，仰向け（仰臥位）と同じ
レベルの活動ができる（生後4か月児）

写真4
モデルに誘われるように，「チョチ・チョチ」が
できるようになる．そこにお母さんの笑顔が添え
られる（生後10か月児）

（2）乳児期後半の3つの発達段階

　6，7か月ごろからの連結可逆操作の階層は，外界との結び目を広げていく
ときです．結び目とは外界に対して，子どもが持続的に注意を向けられる接点
のことであり，そのときに外界の事物・事象をいくつの接点で区別し相互の関
係を認識しているかという，弁別と関係の認識における単位のことでもありま
す．

　6，7か月ごろの示性数1可逆操作期では，「一つ」のモノを把握すること
ができますが，他方の手で「もう一つ」を把握しようとすると，最初に確保し
ていたものは手から放れてしまいます．つまり，目と手の協応によって，子ど
もが接点を結ぶことのできる対象は1つなのです．このときに，器の中に積木
などを入れて提示すると，両手で器を引き寄せ，それを手前にひっくり返すこ
とでしょう．まだひとまとまりのものとして認識しているのです．そして中か
ら出てきた積木を握ったりしますが，やはり両手でつかむことはできません．

　9か月ごろの示性数2可逆操作期になると，2つの結び目を結ぶことができ
るので，両手にモノを把握することができるようになります．また，器に手を
かけつつも，他方の手で中身だけを取り出すことができます．容れ物と中身を
区別して捉え，注意を向けることができるようになっているのです．両手の積

木を打ちあわせることもできますが，相手のモデルに見入ると手がとまり，いっしょにリズムをあわせて打ちあわせることはできません．

　11か月ごろの示性数3可逆操作期では，3つの結び目を結ぶことができるので，両手に持ったものを，正面のおとなのモデルを見ながら模倣して打ちあわせようとする「チョチ・チョチ」遊びができるようになっています（**写真4**）．また，容れ物の中から中身を取り出すだけではなく，それをふたたび入れようとするようになります．そこには，3つ目の結び目をつくりだそうとする意図が芽生えているのです．さらに「ちょうだい」に応えて手に持ったものを相手の手につけて渡そうとすることでしょう．

（3）発達の段階間の移行で芽生える力

　こういった質的に異なる発達段階が取り出せるということは，とりもなおさず，ある段階から次の段階に移行していくときに，大きな発達の変化があるということです．その変化を遂げていくことによって，発達は力強さを増していきますが，その移行にエネルギーや支えを必要としているので，発達の障害が顕在化しやすいときでもあります（詳しくは下巻「Ⅲ　『発達の障害』と発達診断」）．

1）第1段階から第2段階に向かうときの復元性・発展性

・回転軸2形成期と「途切れてもつながる」

　回転軸1可逆操作期から回転軸2可逆操作期へ向かう回転軸2形成期（2か月ごろ）では，快と不快を分化し，心地よい色彩や音を志向するようになります．とくに，ミルクなどの美味しいものを与えてくれ，あやしてくれる人の表情や声，抱き方などを弁別し，その人の顔を確かめようとします．そして，その顔にあたかも近づこうとするように手足が動き出します．だから非対称性緊張性頸反射などによる非対称姿勢であっても随意的に頸を動かしたり，手足が体幹から分離した動きをするようになっていきます．手指は，握らせると片手にガラガラなどを保持できますが，もう一方の手にも握らせようとすると不快そうな表情になります．両方の手で保持することにはまだ抵抗があるのです．だから，回転軸2可逆操作期において，両手に保持しつづけることができるようになったり，手と手を触れあわせて遊べるようになるのは，とてもうれしい

①左手でつかむ

②間もなく，その積木を口に入れる．そうしつつ，正面のおとなの表情変化を受けとめる

③そして，口に入れたまま，右手で積木をつかむ

④お母さんに気づいて，それをきっかけとして，積木を口から放す（生後7か月児）

写真5　可逆対把握

ことなのです．追視は，左右のいずれかの方向が優位で，まだ長く確実に追視することはできません．しかし，仮に視線が途切れても，もう一度発見できるようになります．また日頃はたらきかけてくれる人の顔が動けば，それを追跡するようになります．もし見失っても声のする方に顔を向けて見つけようとすることでしょう．そのような復元性があるからこそ，外界への持続的な注意と探索がしだいにたしかになって，やがて左右，頭足などの四方への往復追視ができるようになっていくのです．

　そこに，「途切れても戻る」という復元性がたしかに発揮され，やがて「行って戻る」という自由度のある可逆性へと発展していくのです．特定の他者への志向である「人を求めてやまない心」が感覚や運動の自由の拡大を先導するようにみえます．すでにこの段階で，「人」は特別な意味をもちはじめているのです．

・示性数2形成期と「もう一つ」への志向

　示性数1可逆操作期から示性数2可逆操作期へ向かう示性数2形成期（8か月ごろ）では，「一つ」と「もう一つ」のものを同じ視野において見比べる「可逆対追視」（田中・田中，1981）を行い，どちらか一方に手を出してつかむようになります．さらにつかんだものを口に入れて，それを他方の手に持ちかえるような「可逆対把握」（田中・田中，1981）を行い，一方だけではない対象との接点が結ばれていきます（**写真5**）．そのような見比べや持ちかえには，外界の事物への興味の高まりやそれを実行する手指の操作の発達が背景にあるので，子どもは，どちらかと言えば人よりモノへの志向を積極的に行います．しかし，いつも近くにおとながいることによってその人にも視線を向け，その人の反応を契機として，他のモノにも視線を向けようとするような，他者を介しての活動の転換や発展がみられます．その他者にはたらきかけられると，口に入れていたモノを手にとって，まじまじと見つめ，「間」をもった関わりができるようになっていくのです．激励や承認の意味をもつ他者からのはたらきかけを介して，事物の表裏，容れ物と中身の関係をとらえるなど，一面的ではなく，より多面的な注意を，外界に対して向けることができるようになっていきます．そして，「一つ」だけではなく「もう一つ」も自分のものにしようとするのですが，残念ながら両手同時に保持することは，まだできないのです．

2）情動・感情の調節主体の形成

　実は，この「1」から「2」に向かう発達段階において，たとえば回転軸2形成期にあっては，おとなが子どもの心の動きに頓着せず，一方的に名前を呼んだりあやしたりして心のキャッチボールにならないときには，だんだん不機嫌な表情になって泣き出してしまいます．あるいは，いつもの人ではない人に抱かれると，けげんな表情から不快な表情になっていきます．子どもが心地よいと感じることがはっきりするからこそ，不快という感情も生まれてきているのです．

　示性数2形成期においては，興味津々でおもちゃと楽しく遊んでいたのに，それを取り上げられたり，手から落ちてしまったり，思い通りにならないときには，いらだって泣き出します．また，お母さんと安心して遊んでいるところに見知らぬ人の姿を見つけたら，人見知りをして泣きはじめてしまいます．

つまり，この「2」の形成においては，乳児期前半の感覚の分化による快と裏腹の不快，乳児期後半の外界への志向性による興味と裏腹の不安というように，表裏の情動や感情が併存するようになります（情動と感情は明確には区別されず，情動は喜怒哀楽などとして分化していく社会的感情の原初的なレベル，つまり短時間で生じる強い感情のことを言います．乳児期前半の発達段階における快と不快は、ここでは情動としました）．そして，

写真6　人しり初めしほほえみ
この笑顔は，そこに集う者をみな笑顔にしてくれる（生後4か月児）

肯定的な情動や感情が妨げられたり，状況が変化することによって，否定的な情動や感情がはっきりと表出されるようになっていきます．この心理的不安定さと，そこからの変化の過程があることによって，否定的な情動や感情から復元することができるようになっていくのです．まさに，自分の情動や感情を復元させる調節の主体が形成されはじめるのです．

　つまり，子どもの要求の拡大によるモノや人への志向性の高まりは，そこにある心地よさや楽しさ，安心を広げますが，同時に避けることのできない桎梏や妨害との遭遇によって，表裏不可分の情動や感情を生みます．心地よさや楽しさ，安心を求めてやまない子どもは，苛立ちや不安を泣いて表現することを身につけつつ，そこからそれを克服し調節する力をも身につけはじめるのです．

　移動手段を獲得しつつある示性数2形成期では，特定の「第二者」との分離不安が高じます．これは不安が原因というよりも，外界への志向性の高まりとそれゆえに生じた不安という矛盾した心理の調節過程を支え導いてくれる人間関係を，積極的に求めている姿と捉えるべきでしょう．

3）第2段階から第3段階に向かうときの「新しい発達の力」の誕生

・回転軸3形成期と「生後第1の新しい発達の力」の誕生

　回転軸2可逆操作期から回転軸3可逆操作期に向かう回転軸3形成期（4か月ごろ）では，外界をとらえる感覚，機能の十分な展開と発達によって，子どもはさらに遠方のもの，さらに上方や下方にあるものをほしがるようになりま

す．伏臥位では，肘で支えて頸を挙げる肘支位がとれるようになり，左右方向への寝返りにも挑戦し，手助けがあれば成功するでしょう．自分では座れませんが，支座位なら頸部が安定し，左右，上下方向の追視をし，音源も探索するようになります．正面に二つのおもちゃがあると，一方だけではなく他方にも視線を向けて，一つだけではない対象に接近しようとします．これが「対追視」の芽生えです．そのことによって一方だけではない，さまざまな方向や対象に注意を向け，そのなかから一つのものへの選択的な関わりをするようになっていくのです．

このころ，相手の顔をまじまじと見つめ，あたかもそれが誰であるかわかったように，子どもから微笑みかけるようになります．これは「人しり初めしほほえみ」（田中杉恵）と称されている「新しい交通の手段」としての質をもった微笑です（**写真6**）．乳児期後半の連結可逆操作の階層において，発達を主導する役割をはたすコミュニケーション手段と人間関係が芽生えているのです．

こういった能動的なコミュニケーションや外界への手の到達行動，そして全方位の追視などが，仰臥位だけではなく，支座位や伏臥位という子どもにとって負荷のある姿勢においても積極的になされるようになります．さらに，まだ友だちという認識はないのでしょうが，他児が離乳食を食べさせてもらっている姿や，それを援助しているおとなを見比べて，自分にも食べさせてほしいというしぐさをするようになります．つまり，人と人の対の関係をとらえて，それを欲求の対象とするようになっていくのです．

・示性数3形成期と「生後第2の新しい発達の力」の誕生

示性数2可逆操作期から示性数3可逆操作期に向かう示性数3形成期（10か月ごろ）では，四つ這いなどによる移動の自由によって，遠方にある目標を捉えて移動し，そこで伏臥位から座位に転換して遊びこむことができるようになります．また，あえて段差を乗り越え，勾配にも挑戦しようとするような抵抗への挑戦をみせるでしょう．そうやって離れた目標に到達したときに振り返り，喜びを他者と共有しようとするまなざしや発声がみられるようになります．

それまでは，「あれも」「これも」と対象を引っ張り出すことに一生懸命であった子どもが，籠の中からおもちゃをすべて出してしまったことに気づいて，手に持ったおもちゃを入れようとします．またおとなが「ちょうだい」と言い

ながら手を出せば，手にのせてくれるようになります．まさに，「入れる・渡す・のせる」という位置を定めてあわせていく定位的活動が芽生えるのです．この段階では，まだ操作としての定位はできても，「入れる・渡す・のせる」という意味をもっているわけではありません．しかし，他者が「ナイナイしてくれてありがとう」などと受けとめるなかで，その意味が結びついていくことになるのです．

写真7　定位の指さし
発達の未来を指し示すような指さし

　また，それまではおとなに指さしで教えてもらって，その指先にあるものを発見していたのが，今度は発見したものに対して自分の人さし指を伸ばす「定位の指さし」をするようになっていきます（**写真7**）．そして「ワンワンいるね」と受けとめてくれる他者を認識していくことになるのです．「マンマ」「ワンワ」などの初期の「話し言葉」が聞かれるようにもなります．これらは，幼児期の発達段階である次元可逆操作の階層において主導的なコミュニケーション手段となっていきます．こういった関係を「第二者と第三者を志向し共有する」と言います（田中・田中，1982）．その関係の中で「好き―嫌い」のある要求をするようになり，食べさせられることに抗して自分の手で食べようとします．要求の主体としての感覚をもち，自らの要求によって「第二者と第三者を志向し共有する」関係を結ぼうとするのです．

4）「新しい発達の力」の誕生を介して広がる子育ての輪

　4か月ごろの回転軸3形成期，そして10か月ごろの示性数3形成期という次の発達の階層に飛躍していくための「新しい発達の力」が誕生し，新しいコミュニケーション手段が芽生えるときには，その手段を必要とし，それが意味をもつ自他関係も発達していきます．子どもの微笑を喜びをもって受けとめ応え返してくれる人，はじめての「ことば」を喜びをもって受けとめ言葉を返してくれる人などの「受けとめ，共有する」関係が形成されていくということです．

　その関係の中で共有されていくのは，コミュニケーション手段だけではありません．伏臥位での肘支えや寝返りに挑戦したり，段差を四つ這いで乗り越え

ていく姿であったりします．つまり「新しい発達の力」が誕生するときには，新しい発達要求とそれゆえの内的矛盾が生まれ，子どもは矛盾に抗するように立ち向かおうとするのです．そして，機能や能力を自らコントロールし，新しいレベルの活動の主体に生まれ変わろうとします．このときの自他関係は，おとなに限定されず，なかま（友だち）を意味ある存在として意識し，憧れや葛藤を経験して，「はたらきかけるものが，はたらきかけられる」というように互いの結びつきをたしかにしていきます．つまり，なかまとの新しい結びつきをつよめ，互いを必要な存在として認識するようになるのです．その姿には，特別にたくましく，ほほえましいものがあります．

　こういった「新しい発達の力」の誕生を認めて喜びあう人々のあいだに，発達の共感は広がっていきます．発達の共感があるならば，子育てはずいぶんと味わい深いものになっていくことでしょう．共感を育てる地域の中での子育ての連帯や共同の学習の場が，乳幼児健診などを契機としてつくられていくように，子育て施策を創造していきたいと願います．「新しい発達の力」の誕生に関わる乳児健診や子育て支援の役割については，「Ⅲ　2章　1歳半の発達の質的転換期と発達保障」「Ⅴ　1章　早期発見・早期対応と発達診断」で述べられます．

3　発達の源泉としての心輝く自然と文化

　子どもは，自然や文化にはたらきかけ，さまざまな創造をしつつ，自分自身の内なる本性を変えて発達していきます．外界への活動は，子どもの能動性，主体性が大切にされ，のびのび発揮されるなかで，ますます広がり，豊かになっていきます．本章を振り返りつつ概観すれば，乳児期前半で子どもは，手や足，そして指が躯幹から自由になり，見る，聴く，触れるなどの感覚とも協応することによって，モノや人への興味と活動を広げていきます．乳児期後半では，座位を獲得し，四つ這いやつかまり立ちなどの移動姿勢，両手を使ってのモノの把握や操作を自由にして，モノの操作や人との交流を広げていきます．そして，そこで起こった外界の変化に対して運動や操作を調整し，もっと上手に，そしてたくさんのことを試みようとするでしょう．

このように，乳児期の活動は，運動や手指操作，その感覚との協応というように，目に見える具体的な姿でとらえられます．したがって，その「広がり」や「豊かさ」とは，観察可能な対象の広がりや活動の展開のことであり，私たちは，その観察を通じて子どもの心理や発達を理解しようとしています．たとえばピアジェ（1968）は，子どもが現下のシェマという活動様式によってはたらきかける「同化」と，その過程においてシェマを修正する「調節」の拮抗過程として，発達をとらえました．1歳中ごろまでの乳児期にあたる「感覚運動的知能」の段階では，まさに感覚と運動の協応による外界への活動が知能の発達を主導するとしています．田中昌人は，ピアジェの言う学童期の「可逆性」の成立を待たずに，胎生期から「可逆操作」を高次化させていく発達の過程を仮説し，外界にはたらきかけることと自己を変革することのあいだに介在する活動の中に可逆操作を見出しました．そして，乳幼児期にあっては，運動や手指操作が互いに連関しつつ重要な役割をもつとしています．

　このような運動による活動を通じて，子どもが認識，感情，意欲などの精神発達をたしかにしていくことは疑いのないことです．しかしそう考えたとき，たとえば障害の重い子どもたちは，重い脳性マヒなどの障害があり，運動，手指操作，感覚の協応などの活動が制約されています．それは，発達のための外界の取り入れ口がとても狭くされているということでしょう．

　ところが少なくない彼らが，もっている感覚を通じて知覚・認識して，感情や思考，概念などを獲得していることに，私は出会ってきました（白石，1994；白石，2016，あるいは本書「Ⅳ　2章　重症児と発達診断」）．

　こういった子どもたちは，いわば運動に依存せず，精神だけの活動によって外界にはたらきかけ，その人らしい創造の過程を通して，自己の内面を形成していきます．このただ精神による外界との向きあい方や交流は人間固有のものであり，その精神の活動への尊重が発達を理解していくうえでは大切なことだと思われます．たとえからだは不自由であっても，精神は限りなく自由であるために，子どもの発達要求に応える保育・教育はどうあるべきかが問われています．

　そういった精神発達と外界との相互関係の探究は緒についたばかりですが，あえて例示するならば，「新しい発達の力」の誕生を画期として，子どもの求

める世界が質的に大きく変化していくことを挙げられるでしょう．「生後第1の新しい発達の力」の誕生は，「人しり初めしほほえみ」に象徴されるように，「人」という普遍的な存在を知り初めるときです．そして，その人のもっているもの，提供してくれるものに魅力を感じはじめるのです．「生後第2の新しい発達の力」の誕生は，人には見えない意図があることを知りはじめ，外界の事物・事象を発見して人と共感することができるようになります．人が使っているからこそ意味のある生活道具に目を輝かせ，そして自然のなかで小さくて生命のあるもの，自分と同じ小さいなかまに魅入らされるようになります（白石，2011；白石，2018）．

　自然と文化，生活や遊び，そしてそれを提供し共感してくれる人間関係や集団，教育的はたらきかけは，発達の栄養となる「発達の源泉」です．子どもの精神が輝き，その精神によってはたらきかけ，自分らしい選択によって内面を豊かにしていく発達の源泉は，子どもの発達の同伴者としての私たちの精神をも輝かせてくれるはずです．

文　　献

河原紀子（2020）乳児期前半の発達と発達診断．白石正久・白石惠理子編，新版教育と保育のための発達診断　下　発達診断の視点と方法，全障研出版部，pp.34－52.

松田千都（2020）乳児期後半の発達と発達診断．白石正久・白石惠理子編，新版教育と保育のための発達診断　下　発達診断の視点と方法，全障研出版部，pp.53－74.

ピアジェ・J（1968）思考の心理学．滝沢武久訳，みすず書房．

白石正久（1994）発達障害論　第1巻　研究序説．かもがわ出版．

白石正久（2011）やわらかい自我のつぼみ——3歳になるまでの発達と「1歳半の節」．全障研出版部．

白石正久（2016）障害の重い子どもの発達診断——基礎と応用．クリエイツかもがわ．

白石正久（2018）発達と教育．越野和之・全障研研究推進委員会編，発達保障論の到達点と課題，全障研出版部，pp.70－98.

田中昌人（1974，復刻版2006）講座発達保障への道②夜明け前の子どもたちとともに．全障研出版部．

田中昌人・田中杉恵（1981）子どもの発達と診断1　乳児期前半．大月書店．

田中昌人・田中杉恵（1982）子どもの発達と診断2　乳児期後半．大月書店．

財団法人大木会・心身障害者福祉問題綜合研究所（1968）完成台本「夜明け前の子どもたち」（この台本は2003年8月に全障研全国大会で全障研出版部より復刻された）．

2章　1歳半の質的転換期と発達保障

白石恵理子

1　「1歳半の節」がどのように認識されてきたか

　「知能年齢 1 歳10か月，重度の精薄児きよしくん．きよしくんは右のきき手にもった丸い板を，すぐ前の丸い穴にはめることはできる．穴の位置が反対に変わると，もうついていけない．きよしくんは，自分の体と心にぴったりとくっついていた行動をいろいろとくりかえすことはできるのだが，まだ外のようすが変ったとき，その意味がくみとれない．すべての正常な子どもも，1 歳半までにこの段階を通る．そのことを明らかにしたのは，正常児ではなく，実はこのきよしくんたちである…」（「精薄児」は「精神薄弱児」の略で，かつて知的障害児のことをこう呼んでいました）．

　これは，近江学園の子どもたちのテレビドキュメンタリー番組『一次元の子どもたち』（東京12チャンネル ―現テレビ東京― 制作，1965年 4 月放映）のナレーションの一節です．1946年に戦災孤児と知的障害児の総合施設として創設された近江学園では，当初，軽度知的障害児が大半を占めていましたが，その子どもたちは徐々に巣立っていきます．1950年代後半からは県内の小・中学校に「特殊」学級（現在の特別支援学級）が設置されていったこともあいまって，近江学園では障害の重い子どもたちが増えていきました．『一次元の子どもたち』では，発達年齢 4 歳ごろまでの「重度精神薄弱児」のグループが「新しく問題になってきた」というナレーションも入ります．この子どもたちの教育方法をめぐっては職員間に意見の対立もあったのですが，真剣な議論を続け，実践で検証していくプロセスを重ねることで，「義務教育になったときの学校教育の中身はこうあってほしいということが提起できるように」なっていったと，

田中昌人（1974）は言います.「発達しないとみられている人たちの発達を研究し，発達の道を拓こう」という思いに裏打ちされた発達研究も熱心に続けられるなかで，障害の重い子どもたちを学校教育から排除するのではなく，障害の重い子どもたちこそが，「教育の成り立つ基盤に何が必要なのか」を知らしめる存在でもあるという実践的認識を生み出していきました.

はじめて「発達保障」という表現が使われたのは1961年（『近江学園年報』第9号）とされます.同じ年から，発達上の質的転換期というものがあることが想定されるようになり，1962年になると，質的転換期として「1歳半から2歳」が加えられました.さらに，1963年からは，「（質的転換期の）前から次の指導課題に取り組める教育体制とする」，「発達的に同質な学習教育活動の集団，等質な生活教育活動の集団，異質な生産教育活動の集団と，自由あそびの場を保障し，指導者には1専門2領域を保障する」など，質的転換期を意識した集団編成や指導課題が追求されるようになります.そして1965年になると，「可逆操作の導入に成功」し，「精神年齢で二歳以下の人たちのばあいには，心理的な1次元での世界の操作がもつれているが，そのもつれが克服できるように，2次元のひろがりを心の中につくるような共感の機会がつくられているか」と問題提起がなされていきました（田中昌人，1997）.

近江学園において，子どもを生活や学習に適応させるだけであってはならないという理念は1950年代からあったのですが，さらに生活を変革する主体に育てていくという実践的認識に到達していくためには，発達の解明が不可欠でした.発達の解明が進むなかで，真に子どもが主体となる教育指導のあり方も提起されていったのです.

2　はめ板課題と1次元可逆操作

さて，上述の『一次元の子どもたち』に戻ります.田中昌人は，インタビュー（田中・田中，1980）で「1次元可逆操作の獲得に障害がある子どもたち」とか，「1次元可逆操作の壁」と表現するようになったのは，このころだと述べています.映像には，子どもたちの食事や洗面といった日常生活の場面とあわせて，彼らがはめ板などの検査課題に取り組むようすが映されています.

先のナレーションにあるように，はめ板課題に取り組むきよしくんは，目の前の円孔に円板をはめ込むことはできるのですが，基板が180度回転したとき，その変化についていけず，目の前に現れた四角孔に円板をはめようとしてしまいます．

田中は，「可逆操作の高次化における階層─段階理論」をつくっていく過程で，最初に命名したのが1次

写真1　セッカクイレタノニ…モウ！
はめ板課題に取り組む1歳5か月児

元可逆操作であり，「精神薄弱」児の場合，獲得までに長時間かかることが，「長いこときになっていた事実だった」と述懐しています．はめ板課題について，京都児童院式のテストでは「できる」か，「できない」かで評価されることがほとんどだったのですが，「入れた」か，「入れられなかった」かの結果ではなく，「どのようにして逆を発見するかをみることが重要」としました．そして，「できない中にも位置反応があるし，お手つき反応がある」と「できなさ」の中身をみていきます．さらに，「発達に障害があるばあいにはこの位置反応やお手つき反応が長く続き，神経症症状などもそなわっている．これができるということはそれら諸問題が大きく解決することになる」という事実に気づき，それが質的転換期だと認識していきます．そして，「180度入れ替わったことに対する可逆操作ができるという」ことから，1次元可逆操作と命名しました．「入れてね」で入れられるのは，相手と自分との間に定位的共有が成立することを示しているのですが，これは10か月ごろから芽生え，11か月ごろに安定してくる発達の力です．1歳を過ぎると，「…ダ」「…ダ」と定位活動をより強く重ねていこうとします．それが，180度位置が変わっても「コッチ（四角孔）デハナイ，アッチ（円孔）ダ」，すなわち「…デハナイ…ダ」という認識をくぐって入れられるようになると，「『入れる』ことが普遍性をもち，1次元の可逆的交通の成立にいたる」と田中は考えました．ここでいう「1次元の可逆的交通の成立」とは，子どもと相手との間で意図や話し言葉での交流が可能になりはじめる姿ととらえることができるでしょう．

このきよしくんは，朝，洗面所に向かうシーンでは，指導者から手渡された洗面器を持って洗面所に向かうものの，そこで顔を洗うという行動には結びつかず，手をヒラヒラさせながら窓からの木漏れ日に心を奪われていきます．カメラは，廊下に置き去られた洗面器をクローズアップします．はめ板課題で見られたように，きよしくんは，「自分の体と心にぴったりとくっついた」外の世界を受け止めることはできるのですが，外の世界の変化を受け止めて自分を調整することはまだ難しいといえるでしょう．ときには，外の世界に「自分の体と心をぴったりとくっつ」けてしまうため，何をしようとしていたのか行動の目的を見失ってしまうこともあるのでしょう．結果的に，一つひとつの行動が途切れてしまいやすいきよしくんに対し，指導者は，少しでも行動がつながっていくようにと声をかけたり手を添えたりします．

　しかし，このきよしくんが別の場面では，次のような姿も見せます．きよしくんは，食事前に，食事をする居室から厨房まで，カラのやかんを持ってお茶を取りに行きます．厨房の近くまでやってきたきよしくんは，そこで近くにあったシーソーに引き寄せられてしまいます．上記の洗面場面と同じことが起こっています．しばらくして，指導者からお茶の入ったやかんを渡されたきよしくんは，重いやかんを下げて部屋に戻ろうとするのですが，シーソーのところで，やはり引き寄せられるように一歩シーソーに足をかけます．しかしそこで，「ああ，友だちのところにお茶を持っていかなくちゃ」とばかりに，自分で向きを変えるのです．いったん歩み始めると，居室に向かう足取りも軽やかです．

　きよしくんは，大好きなシーソーと，お茶を運ぶという目的との間で心をゆらしつつも，友だちのいる方へ"心の舵"を換えていったと言えるでしょう．行動が一つひとつ途切れやすい子に対し，ついつい私たちは，「お茶を運ぶ」という目的をストレートに，わかりやすく提示し，その指示に応えられるようにと迫り，それで「できた」と評価しがちです．この場面であれば，とりあえずシーソーを撤去するという方法をとることもあるでしょう．しかし，それだけでは，自分で行動をつくること，目的をつくって行動することを応援することにはなりません．このときの指導者たちは，「…ダ」「…ダ」に子どもを追い込むのではなく，時間はかかっても，友だちにお茶を運ぶという目的が価値あることとして意味をもっていくような生活の組織化を追求していたのではない

でしょうか．しかも，手にしたやかんが重くなったことをきよしくん自身が実感できるようにと，カラのやかんを持っていくことからの一連の流れを大切にしていたのだと考えます．そのなかで，きよしくんは二つの価値の間で心をゆらしつつも，「…デハナイ…ダ」と自分で心の舵を換えていったとみることはできないでしょうか．検査場面のハメ板課題では「…デハナイ…ダ」に至らなかったきよしくんですが，実際の生活場面では，少しずつその力を芽生えさせています．この姿から，もう一度，はめ板場面を見直すと，四角孔の上に円板を置いたきよしくんが，ちょっと困ったようなはにかんだ表情で耳に手をあてているようすに気づきます．可逆操作の獲得には至っていないけれど，うまくいかない事態をしっかりと感じ取っているのでしょう．

　また，当時，近江学園では労働教育として日干しレンガ作りに取り組んでおり，そこに，きよしくんたちも参加していました．その場面では，次のようなナレーションが入ります．「軽い精薄児も，重度精薄児も一緒になってレンガをつくる．一次元の子どもたちは，今は，その中で，ちゃんと渡されるのを待ち，目的のところにはこび，またもとにもどっていく．食事を待つ，それをたべるという本能に近いものとはちがう．集団の中で社会的な動きを身につけはじめている．一人ひとりの行動が，どんなところで他のひととの行動とつながるか．みんなそれを働くということの中で学んでいる．集団の中で結びつき合いながら次第に自分を見出していく」と，集団の中で1次元可逆操作を発揮する労働教育のあり方が語られます．1次元可逆操作の力は，それだけを取り出すと，たとえば「行って戻る」という行動になるのですが，この労働場面では，1次元可逆操作が，他の子どもたちとつながりあって発揮されることの意味が考えられていました．労働の価値とは，指導者によって外から一方的に与えられるようなものではありません．他の人に渡したり，渡されたりするなかで，子どもたち自身がつかみとっていくものと言えるでしょう．

3　「発達の節」は「発達の危機」

　田中が可逆操作に着目していったことのベースにはピアジェの知見がありました．「可逆性というのは逆操作ができること，つまり，裏返して考え直して

みたり，反対の立場に立って相手のことを考え，もう一度自分のことを吟味し，ある共通性や違いを全体との関連で明らかにしていったりする思考の特徴」であり，「これが成立していくことによって，それ以前よりしっかりした認識ができ，それ以前にもどってしまうのではない発達の世界に入る」とピアジェがとらえたことに対し，「秀れた見地」だと評価していました．一方でピアジェには，1歳半ごろについて「可逆性が成立するまでの漸進的・連続的な中間過程とみる点に不十分さがある」とも指摘しています．そして，「可逆操作というのを，マルクスが労働において指摘しているように，人間が自分の外の世界に働きかけてそれを変化させ，そうすることによって同時に自分自身の自然を変化させるという働きの中に位置づけてみるならば，人間が生れてから一貫して可逆操作はあるのではないか」と述べます（田中・田中，1980）．ピアジェが，可逆性の成立を9，10歳ごろとし，それまでを漸進的・連続的なものとしてとらえ，1歳半ごろを半可逆性の成立としたことに対し，可逆操作の獲得はずっと続いており，「発達の最初からその単位や変数のちがいを明らかにしていくことが必要でないか」と考えたのです．そうすることによって，「可逆操作の高次化の弁証法的発展の全体体系の中にピアジェの可逆性を位置づけることができる」とし，単なる発達段階論ではなく，「それをいわば弁証法的に否定したもの」として，「発達の弁証法をもった発達の階層―段階理論」を構築しました．発達の質的転換期は弁証法的否定が行われる時期，形成期はそこへ到る弁証法的充実が行われる時期ということになります．

　では，質的転換期において弁証法的否定が行われるということは，具体的にどのような姿となってあらわれるのでしょうか．

　たとえば，大津市で長年，乳幼児健診に取り組み，「大津方式」の礎を築いた田中杉恵（1985）は，大津市での1979年度出生児について，4か月児健診，10か月児健診，18か月児健診（アンケート方式），2歳児健診において，母親がどのような主訴を出しているかを比較しています．そのなかで，4か月や10か月では見られなかったが，18か月では，「できなくなったことがある」という記述が多いことに着目しています．具体的には，「一度落ちたので，高い所から降りられなくなった」とか「おしっこを言っていたのに言わなくなった」とか「以前言ったようにおもっていたことを言わなくなった」ということであ

り，このことについて「できたりできなくなったりしながら本格的にできていくという不安定な18か月の頃の側面を示している」と説明しています．確かに，新しい力を確かなものにしていくまでの不安定さとしてもとらえられる姿ですが，それだけではないと考えます．

「落ちた」という経験から，外界をより慎重にとらえる，言い換えれば，自分で降りられるかどうかを考えるような自分の力の対象化が始まったという見方もできるし，歩行が安定して外界の探索活動が高まることによって一時的に発語が減るということもあるのではないでしょうか．すなわち，発達全体のしくみが変わることによって，個々の行動がもつ発達的位置や発達的意味が変わるということです．そしてその姿は，ときに「発達の危機」と表現されるような困難さをもたらすことがあります．たとえば，乳児期後半において，手づかみで食べることができていた子どもたちが，1歳半ごろの発達の節を迎えて道具を獲得しよう（スプーンで食べよう）としても，最初からうまくは操作できません．そのために，イライラする，スプーンを放り投げる，食事そのものを拒否するといった姿に結びつくことがよくあります．これも，「発達の危機」のひとつの表れと考えます．スプーンをうまく使いこなせなくてイライラするのなら，これまでのように手づかみで食べればよいとおとなは考えますが，子どもは，手づかみで食べるという昔の自分には簡単に戻ることはできないのです．新たな発達要求が芽生えることによって，必然的に大きな矛盾に立ち向かわざるを得ない状況になりながらも，それを乗り越えていくことが，節を越えるということと言えるかもしれません．

障害のある子どもたちにとっては，そうした「発達の危機」がより重層的・長期的に続きやすく，「1歳半の節」という質的転換期が，障害が顕在化しやすく，同時に子育てや教育の危機にもなるのだと考えます．障害がある場合について田中らは，「各階層の最初の可逆操作等が成立しにくいというあらわれかた」をみせ，厳密には第二の形成期までその困難さは続くと言います．具体的には，身体運動的水準では2次元形成期までいっていても認知面では1次元可逆操作の獲得でつまずいているという発達の個人内機能連関の特徴，いわゆる層化現象を示し，その場合に二次的症状としての神経症症状等があらわれやすいとみていました．当時，「動きまわる重症心身障害児」と言われた子ども

たちの多くは，こうした困難さを強くもつ子どもたちだと，発達的なとらえ方を深めていきました．

　このように障害を理解することによって，身体運動面等の高い水準のみに合わせて教育課題を設定することがいかに無意味であるかは容易に推察されます．しかし，1次元可逆操作そのものの獲得に向けた指導はどうあるべきか，さらには，「発達の危機」となって表れるような矛盾そのものを子どもが乗り越えていくためには，どのような力が準備される必要があるのでしょうか．このことを考えるうえで重要になるのが，階層間の移行をなしとげる発達の原動力は，その前の階層における第3段階への形成期において誕生するという認識です．これを田中らは「新しい発達の力」と呼ぶようになります．

4　障害の早期発見・早期対応において

　大津市では，全国に先駆けて早期発見・早期対応のシステムをつくりあげました（「乳幼児健診・大津1974年方式」「障害乳幼児対策・大津1973方式」等）．すでに1958年から，乳幼児健診に発達診断・指導が導入され，そこに近江学園研究室のメンバー等がチームとして参加していました．この背景には，入所している知的障害児に対してだけでなく，「地域に根ざし，地域と協力して，地域のすべての子どもの健康と発達を保障していく体制をつくっていく砦」であろうとした，当時の糸賀一雄園長や岡崎英彦研究部長たちが中心になってつくりあげた近江学園の精神がありました．その後，1965年からは3か月児健診，6か月児健診，1969年からは，1歳半前後の質的転換期を越えたところでの2歳児健診が実施されるようになります．田中杉恵（1990）は，この2歳児健診を通して，「障害のない場合には2次元を力強く形成していくが，前次元的な指導がなされると，反抗という現象をもってこれに抵抗していくことがあきらかになった」と述べます．さらに，1971年からは，乳児健診が3か月児健診，9か月児健診となり，1974年からは，それぞれ1か月あとの方がより適確に診断できるとして，4か月児健診，10か月児健診となります．

　こうして実践的に検証し決定してきた健診の時期が，「発達の弁証法的合法則性の解明が進むにつれて，早期予知・予防療育の点から重要な時期であるこ

と」が確かめられていきます．1歳半の質的転換期との関係で言えば，乳児期後半の階層における第3段階への移行期である10か月ごろは，次の幼児期の階層への飛躍を準備する力が備わってくる時期にあたります．その力が誕生しにくいということは，1歳半の質的転換期で障害が顕在化していく可能性があることから，障害の早期予知・早期対応につながるとされたのです．

　同時に，10か月で健診を行い，そこで育児指導をすることにより，保護者が幼児期への準備に対応して育児の仕方を変化させていくことを応援することにもなります．筆者らは，10か月児健診時における項目の通過状況と，同じ子どもたちが2歳児健診を受けた際の項目の通過状況との関連をみましたが，そのなかで，10か月児健診での問診項目「手づかみで食べる」が，2歳児健診での「2語文を話す」と有意に関連していることを明らかにしました（白石，1990）．10か月ごろになると，おとなが離乳食を食べさせようとしても口をつぐむような拒否を示すことがあるのですが，これはまさに，「もう赤ちゃんじゃないから自分で食べたい」という幼児期に向かう思いの表れとみることができます．この思いを受け止めて，手づかみで食べられるようなものを用意するといった幼児期の生活様式への準備が，幼児期に入ったところでの表出言語の広がりと関わっているのは興味深い結果と言えます．

　全国的にみれば，1977年の「1歳6か月児健康診査の実施について」（厚生省児童家庭局長通達）が契機となり，1歳6か月児健診が全国的に実施されていくことになります．それまで発達遅滞や自閉症などの発見が3歳児健診であることが多く，発達上の問題をこじらせたり，育児上の困難を拡大させてしまいがちであったことに対し，1歳6か月児健診での障害の発見が進むようになったことの意義はとても重要です．そのうえで，10か月ごろの新しい発達の力の誕生に焦点をあてた健診を実施することの意義を強調したいと考えます．10か月ごろになると，はいはいやつたい歩きを獲得することで行動範囲が広がり，外界への志向性がますます拡大していくために，危険も増え，親からすれば制止や叱責も多くならざるを得ません．動き回る子どもの背後から「ダメだよ」「あぶないよ」と声をかけることも増えます．言葉への感受性が強まるときだけに，子どもはますますそうした声かけから逃れようとするでしょう．それでは，言葉を心地よいものととらえることにはなりません．この時期に子どもと

遊ぶ楽しさを実感できる場面がある
かないかだけでも，親の育児への負
担感は大きく変わります．また，発
達障害などの発見において，1歳6
か月児健診の重要性は上述した通り
ですが，1歳半ごろは操作的に大き
く飛躍する（積木を積む，鉛筆で描
くなど）時期であるだけに，対人面，
交流面での弱さが隠れてしまいやす
いという面もあると考えます．それ

写真2　ワタシモブラシヲツカエルノヨ
あの…向きが反対ですけど…
1次元可逆操作獲得前の1歳1か月児

に対し，10か月という時期は，操作や道具の獲得がままならない面をもつからこそ，より相手との交流，対人面での発達をとらえやすいのではないでしょうか．"より早期に"という意味だけではなく，解明されてきた発達の弁証法的合法則性との関係で，乳幼児健診や育児支援のあり方を考えることが必要ではないでしょうか．

　また，田中杉恵（1990）は，子どもたちに適切な発達諸関係を保障することを家庭の私的責任に帰すことはできないのであり，「歩行器に入れるのを控えさせる」ということなら健診や相談活動で言えるが，「もっと大きな社会的連帯で育児や教育や医療を守らなければならない」と述べました．近藤（1985）は，「（健診が）市町村業務であることの利点を生かし，地域の中で保健所・児童館などを利用して『あそびの教室』を開く，保育所や通園施設に母子通園する，など母親に友人をつくり，子どもの育ちについて語り合い考え合う場を保障するだけで，子どもたちに大きな変化が生まれてくる」と，「あそびの教室」などの場をつくることの重要性，「母子保健から，児童福祉施設や社会教育関係者もふくめたとりくみへと広げていくことを見とおしつつ，その中に障害幼児の療育体系を位置づけていくこと」の必要性を早い時期から主張しました．

　すべての子どもたちが健やかに成長していくための地域づくり，体制づくりの中で，障害等による困難を抱えた親子が，適切な時期に適切な支援を受けられるようにしていくことは，今日に引き続く課題です．そのためにも，発達の

科学的解明が大きな意味をもつと言えるでしょう.

5 1960年代後半の近江学園での実践から

最後に, 1次元可逆操作を獲得し, 豊かに発揮していく時期の教育や指導のあり方を考えるために, 1960年代後半における近江学園での実践（田中, 1974）が示唆していることをみていきます.

1969年の7月に成人施設ができると, 近江学園では子どもの数が減りました. 生活第一班は, 小学校低学年年齢を対象とする班でしたが, それまで約30人いた子どもたちが二十数名になります. その発達的な内訳は, 1次元形成期から3次元可逆操作期までで, なかでも2次元形成期にある子が最も多く半数を占めていたようです. 少人数になったことで, 指導者から,「落ち着き, 障害の軽い子どもが重い子どものめんどうをみてやるし, 指導もゆきとどく」ようになったので, 排泄指導や食事のしつけなどをきちんとしたいという意見が多く出されていきます. これに対し, 指導員であった田中らは, そうした「きめのこまかいゆきとどいた指導の中身について疑問をもちだ」しました.

その理由の一つとして,「生活の場にいわば時間のハードルが順番につめこまれ, なかま関係が切られていくのではないか」という危惧があげられました.「子どもたちにとっては生活空間のなかにいわば時間のハードルをつくって閉じこめ, それが屏風のようにたたみこまれていて, 先生の手によって一つひとつの時間のハードルが開いてあたえられ, それを順番にこなさないとつぎへ行けないようにされているように」うつっているとされました.「きめのこまかいゆきとどいた指導」の中で,「動作の終着点の仕上がりのよさだけが値ぶみされて, 問題が個人内にとどめおかれ, 集団は個人の仕上がりのよさにたいする手段に位置づけられがち」だとも指摘します. 個人 vs 集団という閉じた対立関係におしこまれると, 集団も個人も豊かさを内包しえないし, 発展していきません. 田中はそれを,「集団と個人が見せしめの関係におかれて,『はい, よろしい』『あんた, なんですか』ということになり, …『―ダ』『―ダ』という発達的には前段階の一次元の行動様式がつくられてい」くことになりがちだったと述べます. それは,「主観的にはいくら一生懸命にしていても発達の一

歩うしろにいる指導方法」だと批判しました.

　こうした「きめのこまかいゆきとどいた指導」が繰り返されることで，子ど
もたちはいっそう受身的になっていきます．そうすると，指導者集団において，
「指導のこまかな違いが一つひとつ重大な問題とされていき，教育がおたがい
のあら探しとあしき不干渉」を拡大していく危険性があるとも指摘しました.
シャツの着方，スプーンの上げ下げ一つひとつでの意見の違いが問題とされ，
そのうち「あの人には何を言ってもしょうがない」から，自分が担当する子ど
ものことだけをみようという「あしき不干渉」にも陥るというのです．子ども
が指導者に対して受身的になるほど，指導者間のこまかな違いが大きな問題に
なり，さらには指導者集団として機能しなくなっていく構図を見事に指摘して
いると言えるでしょう.

　職員たちは議論を重ねるなかで，9月からは，「①集団を大きく，②部屋を
たくさん，③時間を大きく，④所有関係の質をゆたかに」という方向をとるこ
とになりました．具体的には，それまで5つの小集団に分け，それぞれに指導
者が固定してつく体制になっていたのを，全員が全体をみる指導体制に改めま
す．部屋も，それまで一集団一部屋で，各部屋で食事も睡眠も遊びもするとい
う使い方にしていたのを，ふすまをはずして一部屋を大きくし，「寝る部屋」
「食事をする部屋」と機能別に使うように変えていきました．日課についても，
洗面，着替え，食事などが細かいハードルのように次々と提示されがちであっ
たのに対し，生活の時間から教育の時間に集団が大きく変わるきりかえを大切
にする一方で，生活の時間はゆったりと自由度が高まるような展開が心がけら
れていきました.

　それはいずれも，「…デハナイ…ダ」と，子どもたちが1次元可逆操作をつ
くりだせる方向への変更になりました．たとえば，「集団を大きく」というの
は，「小集団固定ではなく，さりとて無限定な“みんな集団”でもない」とし，
それは，「基礎集団があるがゆえに『―デハナイ―ダ』という関係の他方にも
っと小集団をつくることができ」，また，「生活時間のきりかえを軸に『―デハ
ナイ―ダ』という関係の他方に学習集団をつくることができる」かどうかが問
われるのだとします．「部屋をたくさん」についても，「一クラス一部屋の単位
にするというのではなく，さりとて全部の部屋を無原則的に使うというのでも

ない」とし，それは，「生活時間の組織化の中で『―デハナイ―ダ』というきりかえが生活場面に根づくというそういう基礎空間にしようと」いう試みであったと言います．

　そのほどよい自由度の中で，子どもたちは指導者の予想以上の力を発揮し，自分たちの力で日課をつくりだしていきました．食事になると互いによびあい，いない子をよびに行き，「ハヨカオアライ」「パンタベルカ」などと声をかけあって，「一人のもれもなく，見とおしをもって」行動していくようになる．そして，1か月半ほどすぎたころ，子どもたちは，自分たちで「ブランコけむし」の遊び（鴨居にぶらさがって遊ぶ）をつくりだしていきます．食事が日課の柱に位置づき，その食事を前後して，子ども集団と子どもたち一人ひとりの心の中に「小さな渦」が多様にたくさんつくられるようになり，そして，食事後のほっこりした時間に，「ブランコけむし」遊びが子どもの中から発生したのです．

　生活課題が屛風のように折りたたまれ，それが1枚1枚おとなの手によって開かれていくような日課の中では，みんなが各単位時間に同じことをすることを求められます．そのなかでも，ぶつかったり，とられたりという渦はあったのですが，「それは同じことをするなかでの渦であり，上手に身の処理ができるためには渦というのはどちらかというと歓迎されず，スムーズに流れるほうがよい」とされがちでした．1次元可逆操作の力をもつ子どもたちは，外界に自分の意思ではたらきかけ，その結果を“やった”“面白い”と内面化し，そこから“もっと”“もう1回”と遊びを繰り返していこうとする発達要求をもっている子どもたちです．自由度がなく課題が次々と与えられるような生活の中では，そうした力の発揮は，“余分なこと”“問題行動”としか見なされないし，子どもたちは，指導者の意図に対する従順さか，拒否によってしか，そうした発達要求を表現することができなくなってしまいます．時間や空間，さらにおとなの意図と子どもの意図との間に“間”ができたことによって，子どもたちは自分から始発するかたちで外界との関係をつくり始めたと言えるでしょう．

　もちろん指導者はけっして子どもたちを従順に手なずけようとか，受け身のままにしておこうと思っていたわけではありません．自分の生活を自分でつく

れるように，少なくとも身辺のことは自分でできるようにと思っていたのですが，集団や日課のありようによっては，一つひとつの行動を「…ダ」「…ダ」と迫っていくような一次元の行動様式に追い込んでしまいます．子どもたちの"自立"をめざして指導していることが，かえって子どもの自発性や主体性を損ない，おとなとの決まり切った関係の中でしか力を発揮できないようにしてしまう危険性が指摘されていると言えます．

　ブランコけむし遊びに入れない子どものとらえ方も示唆的です．「なかまからはずれる子も，部屋の中にポツンとすわったかたちではずれるのでなく，集団の渦をかぶっていつも違うところにいたり，そこで砂いじりなど新しいことをしていたりという，こうしたはずれていないはずれかた──なかまにはいってくる手がかりを遠くに示したはずれかた」になったと言います．子どもたちは整然と順番を守って鴨居にぶらさがるわけではありません．やりたい思いを高めつつも，ドキドキしながら背中でようすを窺っている子もいるし，自分のタイミングで入ろうとしている子もいるでしょう．また，ブランコけむしという大きな渦ができているからこそ，その外に，"ぼくはこの遊びをする"と小さくても価値ある渦をつくっている子もいるでしょう．自分では跳ばないけれど，机を運んでくる子もいます．一人ひとりをバラバラに切りはなして見ているだけでは，こうした姿は見えづらくなってしまいます．

　こうした指導のあり方について田中（1974）は，「行程」をおとなにとってつごうのよいようにだけ細分化していくと，きめがこまかいように見えながら，それは要素がこまかくなるだけで，子どもたちの発達にかみ合った緻密さではないと指摘します．発達にかみ合った織密さになるためには，「可逆操作」という行動の単位をとらえ，その単位を安易に切り刻まないようにしなければなりません．そうでないと，子どもの認識が素通りされ，指導も子どもの行動も感覚水準での繰り返しにとどまり，それは自発的、能動的な力をおさえこんでしまいます．田中は，「発達に必要な単位をもった教育の過程が，要素に解体された『教育』の過程になりかけたら注意が必要」だと警鐘を鳴らしていました．つまり，「可逆操作」という行動の単位をとらえることは，こうしたぶつ切りをなくすことにもなります．

　知的障害が重い子どもたちへの指導においては，全体を見通すことが難しい

からと，「行程」を細分化していくような生活指導，教育指導が行われがちですが，「…ダ」「…ダ」と前段階の行動様式に追い込むような指導であってはならないと言えるでしょう．同時に，1次元可逆操作を機械的にとらえ，単に「行って戻る」といった形式にはめこむような指導であってもならないでしょう．「1歳半の節」の土台となる発達の原動力を太らせていくこととあわせ，子どもたちが主体性を発揮できるようなほどよい自由度のあり方を追求することが重要と言えます．そして，きよしくんが見せたように，二つの価値のあいだで揺れながらも「…デハナイ…ダ」と自分で選んでいけるようになってほしいと願います．「ブランコが大好き」「友だちにお茶をもっていきたい」といった価値そのものを，時間をかけてつくりだすことも，教育実践の重要な課題です．

文　献

田中昌人・田中杉恵（1980）発達段階論を考え始めた頃（インタビュー，聞き手＝岡本夏木・村井潤一）．発達，1(2)

近藤直子（1985）乳児期から幼児期への移行と障害．加藤直樹・中村隆一編，乳児から幼児へ　発達相談をすすめるためにⅡ，全障研出版部．

人間発達研究所（2018）解説と資料『一次元の子どもたち』．

西川由紀子（2020）1歳半の質的転換期の発達と発達診断．白石正久・白石恵理子編，新版 教育と保育のための発達診断 下 発達診断の視点と方法．全障研出版部，pp.75－97.

白石恵理子（1990）10か月児健診の発達的検討．人間発達研究所紀要，第4号，pp.131－140.

白石恵理子（2016）多様な一貫性を保障する──田中昌人の指導論．渡部昭男・中村隆一編，人間発達研究の創出と展開〜田中昌人・田中杉恵の仕事を通して歴史をつなぐ．群青社．

田中昌人（1974，復刻版2006）講座　発達保障への道③発達をめぐる二つの道．全障研出版部．

田中昌人（1997）全障研の結成と私の発達保障論．全障研三十年史，全障研出版部．

田中昌人・田中杉恵　構成・解説（1980）はばたけ湖の子ら──大津市の乳幼児健診．発達，1(4)，pp.33－34.

田中杉恵（1985）18か月児についての最近の知見と指導上の留意点．加藤直樹・中村隆一編，乳児から幼児へ　発達相談をすすめるためにⅡ，全障研出版部．

田中杉恵（1990）発達診断と大津方式．大月書店．

3章　4歳の発達の質的転換期と発達保障

張　貞京

「可逆操作の高次化における階層─段階理論」において，4歳ころは「2次元可逆操作期」として位置づけられています．ここで使われている「可逆操作」の概念は，発達を外面によってではなく，発達主体の内面のはたらきを捉えるものとして抽出されたものです．それは，発達研究と実践研究が深く結びつくなかで，障害の有無にかかわらず，一人ひとりの発達を保障するために取り出されたとも言えるでしょう．ここでは，4歳の質的転換期が見出されてきた歴史もふまえ，発達保障を目指す実践課題について考えていきます．

1　ある4歳児クラスの話

4歳ころの子どもは，遊びや言葉が広がる一方で，理由がわかりづらい姿を見せ，おとなを悩ませることがあります．保育所等の4歳児クラスでは，おとなから言われたことがわかっているはずなのに，集団活動に参加しない，自分から要求することがなく言われた通りにしか動かない，相手のことばかり気にする，急に激しく反応するなどの姿が見られることも少なくありません．かと思うと，落ち着いて生活している姿も見られるので，関わるおとなが戸惑うことになります．

4歳半になったAは，全身運動が得意で，おとなからの指示も理解して行動することができました．折り紙も上手で，Aが折ったものを周りの子どもがほしがるほどです．4歳児クラスに進級して数か月過ぎたころから，Aは毎日のように，家で折ったものを持ってきて友だちに配るようになります．

しかし，友だちとの関係では，思いを落ち着いて伝えることが難しく，言い

分を友だちが受け止めてくれないときは，相手を叩くことがあり，担任は悩み
ます．友だちが泣きながら逃げていくのですが，怒りが収まらないようすで，
追いかけまわして叩こうとします．とても怖い顔で追いかけるので，おとなが
慌ててＡの体を抱きしめて止めることが続いていました．

　４歳児になり，Ａが友だちと一緒に遊びたい，受け入れられたいという思い
を強めていることは理解できるのですが，折った折り紙を友だちに配るときに
見せるＡの顔が，嬉しさよりも，義務を果たしているような緊張した表情であ
ることも気がかりでした．

　また，Ａの他にも，相手に厳しい言葉を投げかける子どもや，生活全般に自
信がもてず活動に参加しようとしない子どもがいました．子どもたちが見せる，
こうした不安定な姿はなぜでしょうか．不安定な姿の背景にあるものが何かを
理解し，一人ひとりを発達の主体として捉えた実践が求められます．

　本章では，質的転換期である４歳の節について，まず歴史的に積み重ねられ
てきた知見から理解します．そして，Ａをはじめとする４歳児クラスの実践か
らも，学んでいきたいと思います．

2　発達研究にみる４歳の質的転換期

（1）近江学園を中心とする発達研究のはじまり

　近江学園は1946年に創設され，「精神薄弱」（今日の知的障害）児への指導実
践を行っていました．1956年から研究室主任として携わるようになった田中昌
人は，近江学園内での実践研究を行うとともに，「精神薄弱」児の発達に関わ
る未知のメカニズムを把握し，発達を保障するための発達研究を進めていこう
とします．当時，使われていた心理テストの結果を検証し，新たなテストの開
発にも取り組みます．それまで，「精神薄弱」児に対して，内面にある発達課
題を把握するためではなく，行政によって，教育の対象ではないと判断する根
拠としてテストの結果が使われていたことへの問題意識が根底にありました．

　田中らは，綿密な研究を通して，「精神薄弱」児と通常の子どもの発達のす
じみちと法則性は共通しており，「精神薄弱」児は「発達の自己運動障害」，つ
まり発達を推し進めていくはたらきに障害があることを明らかにしました．

田中は，テスト課題に条件変化を加え，その反応を詳細に読み取り，内面のはたらきを過程として取り出そうとしました．従来のテストで得ていたIQ（知能指数）は，すでに発達した結果を示しているに過ぎないとして，人間が常に発達している存在であることを徹底して追求しようとしました．また，「できた・できない」という現象への注目だけではなく，発達連関に注目し，そのしくみを明らかにしようとします．そのため，テストに応じなかったり，間違ったりする反応にも発達的な意味を見出していきます．

　次に，質的転換期を見出すために考案されたテストの一つである，「精神作業過程測定装置」を使った発達研究をみていきます．

（2）「精神作業過程測定装置」にみる質的転換期

　その年齢らしい特徴が次の年齢の特徴をもつにいたる発達連関のメカニズム，つまり，発達上の特徴を豊かに変えていくはたらきと，そこに生じた困難としての障害を解明していくことを目的に製作されたのが「精神作業過程測定装置」です．この装置は，言葉で答えることが難しい場合でも反応できるように手の活動に注目し，その反応から自己調整の様式をみようとしたものです．

　装置は動作によって生じた圧力を誘導する装置（ゴムバルブ）2器と，圧力を電力に変換する装置で作られていました．子どもが手に持ったゴムバルブを握ったり離したりするときに発生する圧力の変化がオシログラフの波形で記録されます．田中は，ゴムバルブを「持つ」と「はなす」を基本に，言語指示で条件を変えることで，子どもの反応がどのように高次化していくかをみました．

　まず，子どもの両手にゴムバルブを持たせ，「じーっと持っていてごらん」と言います．30秒ほど持続して持てるようになるまでの段階は次のように示されています．「持ってだんだん力が弱くなっていく」段階から，「『しっかり持って』というと，ピンチ反応が出る」段階，次に「いわなくても力が弱くなったら自分で気づいてまた力を入れるという自励反応が出る」段階，「力がずっと弱くならないうちに自励反応が持続する」段階へと進んでいきます．

　上記の「ピンチ反応」とは，指示されると反応しようとするものです．しかし，すぐに持つ力が弱くなるという特徴があります．「自励反応」とは，自分で気づいてがんばろうとするもので，発達年齢3歳ころからみられるようにな

り，３歳から４歳のところで持ち続けようとがんばる自励反応が完成するとしています．

これができるようになれば，両手を交互に開閉把握することができはじめます．この両手の交互開閉把握では，「課題の意味は理解できて，何とか課題どおりに反応しようと努力してはいるが，もたついたり，からんだりして交替がうまくできない現象」である「重畳反応」，つまり右に力を入れると左が少しつられる，さらに左に力を入れると右がつられるといった反応が見られる段階から，「重畳反応」はしだいに減っていき，交互開閉把握が安定する段階，さらに長く持ってはなす，短く持ってはなすといった時間軸を入れた反応ができはじめる段階へと進んでいきます．

そして，「持つ」「はなす」の関係が可逆でき，左右が交互に切りかわるのが４歳ころからだとし，「持つ」と「はなす」，「左」と「右」といった二つの変数を一つの行動にまとめあげ，可逆的にコントロールすることを２次元可逆操作のあらわれとしました．さらに，４歳ころの並列的な２次元可逆操作が，把握時間の長短がコントロールできはじめる系列的操作に移行していく５歳半くらいについては，３次元形成のあらわれとしました．

田中は，反応の変化過程でみられる，指示されたことに振りまわされる「ピンチ反応」と，自分で気づいて調整しようとする「自励反応」などのでき方については，「運動機能だけでもない，認知の働きとともに情意的なものもしめされている．それらがなりたつある種の基本的な側面から発達にせま」ることができると考え，さまざまな機能の発達連関の視点に立脚して，他の課題への反応や実践記録と関連させた検討を行っています．

たとえば，友だちと一緒に取り組む保育の中のリズム遊びなどで，おとなが弾くピアノに合わせて，大きく走り回ってから静止するとき，静止姿勢を取ることが難しかった姿から，静止姿勢を維持しようとして崩れそうになっても，おとなの励ましで姿勢を戻そうとする「ピンチ反応」といえる姿に変化していきます．一人ではその姿勢を維持することは難しくても，おとなの励ましを受け止め，動きをコントロールしようとする気持ちが芽生えているのです．そして，しだいに，崩れそうになりながらも自分で姿勢を戻していき，音楽が変わるまで姿勢を保ち続けられるようになっていきます．この「自励反応」といえ

る姿は，運動発達だけでない，体の動きを考えながら，バランスを崩しそうな自分を自分で励まし続けている内面のはたらきを物語っています．

　両手の交互開閉把握ができはじめると，「ケンケンができる」，「右にハサミを持ち左に紙を持って，それを切り抜こうとする」，「服をぬぎながらお話をする」姿が見られることを報告し，二つの行動をまとめあげる４歳の「…シナガラ…スル」といった発達の特徴が示されるとしました．また，動作以外でも，自他関係の発達においては，「僕のだけど，かしてあげよう」とか，「さびしいけれど，弟もさびしいだろうからがんばってお留守番をする」等，「…ケレドモ…スル」といった自制心が形成されていくとしました．

（３）２次元可逆操作を獲得していく難しさ

　次に，田中は「４数復唱」課題に注目しました．「４数復唱」課題とは，検査者が不規則に並べられた４つの数字を唱えた後に，続けて復唱するものです．1957年に生活年齢の異なる「精神薄弱」児と，発達に障害のない子どもとの比較を行った結果を報告しています（『近江学園年報』第11号）．発達年齢４歳ころで比較した際，通常児に比べて「精神薄弱」児は，「４数復唱」課題の通過率が明らかに落ちることがみられました．

　この課題では，たとえば，「4739」について，「47」の２数と「39」の２数に分けて捉え，それを記憶と復唱の操作で処理していくはたらきが必要となります．「47」を覚えながら「39」を聞き，「39」を覚えておきながら，「47」を続けて言います．つまり，「４数復唱」課題には，記憶しながら復唱をするといった二つの変数を一つにまとめあげるはたらき，「…シナガラ…スル」といった２次元可逆操作のはたらきが必要となります．また，「４数復唱」課題が難しい場合は，先述の「精神作業過程測定装置」課題や「両手の交互開閉」課題でも難しさがみられることを報告しています．

　さらに，発達年齢が同じ４歳ころであって，生活年齢が異なる「精神薄弱」児を比較したところ，「４数復唱」課題の「…シナガラ…スル」調整のはたらきは，生活年齢を重ねても難しさが続くことがみられました．これは，２次元可逆操作が，生活年齢を重ねるだけでは獲得することが難しい，すなわち発達の質的転換期であることを示しています．発達に障害がある場合，質的転換期

をこえていく際にみられる難しさの内実を具体的に明らかにし，そのうえで，発達を導く実践研究が取り組まれるようになります．

（4）2次元可逆操作期と生活年齢の効果

「4数復唱」課題にみられる可逆操作の獲得の難しさがある一方で，生活年齢による効果がみられるものが報告されています．2次元可逆操作期では，集団生活における社会性と，持続力が求められる手先の操作性において，生活年齢が高くなることで調整力が高まっていく姿を見せます．

たとえば，2次元可逆操作の段階では，生活年齢が上がることによって，「…シナガラ…スル」といった行動様式によって，自分を取り巻く外界との関わりの中で，「自ら調整し，他へ能動的にはたらきかけて」いこうとします．知的障害のある人が作業所などで仕事をする場面を考えてみます．はじめのころは友だちや職員から求められて手伝っていたのが，自分の仕事をしながら友だちや職員の困っていることに気づくようになり，手もとの作業がもう少しで終わりそうであっても，その手を止めて自ら困っている人のところに出向いて手伝うことができるようになります．手伝いが終われば自分の作業に戻って，続きに取り組むことができます．

これは，生活を媒介にして，能動的に空間を広げ自らを調整しようとするはたらきが意識化され高まっていく姿と言えます．発達段階が同じであったとしても，生活年齢を重ねることでみられる人格発達の豊かさを物語っているのですが，ただ単に年齢を重ねればよいのではなく，発達理解を基本に据えた実践が求められていることは言うまでもありません．

続いて，教育指導の実践研究が行われてきた歴史を振りかえるとともに，4歳の質的転換期に求められる実践を考えていきます．

3　実践研究にみる4歳の質的転換期

（1）質的転換期を踏まえた実践指導の検討

発達の質的転換期が見出されるとともに，近江学園では職員による自主研究会での討議を経て，指導上の課題としての転換期の提起と指導技術に関する検

討の必要性を確認しています．田中は『近江学園年報』第10号の「研究部活動」の報告で，質的転換期について明記した提案を行っています．

　「発達という次元でみるとき発達上の質的転換期というものがあるということ，この転換期とつぎの転換期との間は発達的に等質とみてよいが，転換期の前後は異質である．したがって指導技術的には，発達課題，発達保障技術の等質性という点からこの発達段階の等質性という問題に」取り組むことを求めるというものです．つまり，質的転換期となる発達段階の存在と法則性を示し，それに対する共通認識を実践において共有し，発達保障を目指す方向での一貫した指導技術の検討を進めることを提案していたことがわかります．

　この提起を受けて，質的転換期に焦点を当てた集団編成を行い，実践の綿密な分析と指導技術の検討を通して，「発達のまえにたつ指導のありかた」を目指していくことになります．

（2）近江学園の指導体制の変遷

　近江学園の職員によってまとめられた『要求で育ちあう子ら——発達保障の芽生え』から，質的転換期に焦点を合わせた実践がどのように変化したかを紹介します．これらの経過は，田中昌人『講座発達保障への道③』「近江学園での試み」にもまとめられています．

　1954年から1961年までは，似た者同士を集めた小集団での指導が行われましたが，発達の質的転換期の認識はまだなく，指導課題を模索していた時期でした．

　続いて，発達研究から得られた質的転換期に注目して集団編成を行ったのが1961年から1968年３月までの「教育部制」の時期です．発達年齢を基準に生活集団が３つの教育部に分けられ，発達年齢１歳から４歳を「第一教育部」，発達年齢４歳から７歳を「第二教育部」，発達年齢７歳から11歳までを「第三教育部」としました．そこに，学習と労働，自主的なサークル活動集団を保障した実践が重ねられ，この時期の実践から質的転換期の発達的特徴が明確になっていきます．

　しかし，「教育部制」の実践から，子どもたちの発達的特徴が明らかになったものの，同じ発達段階の生活集団より，発達年齢の異なる集団活動の中で子

どもたちが導き合い，育ち合う姿を見せていたことから，生活年齢を軸にした集団編成の実践が1968年4月以降から取り組まれることになります．小学校低学年の「生活第一班」から中学校卒業以上の「生活第四班」までが編成されました（「ミックス編制」）．発達年齢の違う子どもたちが生活場面で協力する関係づくりを通じて，子どもが多様な社会経験と仲間関係の中で，要求を出し合い育ち合う実践が目指されました．

これらの実践は，近江学園の創立から1972年ころまでのものです．生活と学習，労働などが施設内で行われ，所属する子どもの年齢や発達差の幅が広かった当時の状況を，今の実践にそのまま当てはめることはできないでしょう．しかし，質的転換期の発達理解に基づいた実践のあり方を追求しつつ，それに対して職員集団が批判的吟味を重ねていたことは，子ども一人ひとりの発達を保障する立場にある人にとって，今なお大切にしなければならないことです．

（3）指導実践の歴史からみえた4歳の質的転換期と生活の広がり

質的転換期の発達的特徴が明らかになっていった指導実践の中で，4歳の質的転換期をこえ，2次元可逆操作期に入ると，「生活機能活動が他律から自律に移行する」とされました．2次元可逆操作を獲得していくと，自分を取り巻く外界や他者との関係において，言われたことを行うだけでなく，自覚的になり，「つもり」をもって自ら行動しようとし，やがては自分なりの理由をもって意識的に行動していく姿が見られるためです．

発達的に2，3歳の子どもも，自分より小さい相手に対してお兄さんお姉さん的な意識を示す姿や手伝い的な役割の求めに応じる姿などが見られますが，自ら気づいて意識的に行動することが広がるのが発達年齢4歳の姿であると報告されています．集団の中で，自分を取り巻く外界を意識しながら，がんばって自己調整をしようとする2次元可逆操作のあらわれといえます．

ただし，その調整の姿は「直感的な」ものであるとし，指導実践上で留意すべきことについて，田中は，自律を目指すことが，「自分のことは自分でするという意識化への働きかけにとどまる」ことであってはならないとしています．また，集団生活において，他者と共同する体験を通して，たとえば，手伝いが決められているから手伝うといった単なる習慣化でなく，自分のやっていたこ

とを止め，自ら進んで相手のところに出向くようになることが重要だとしています．そのためには，外から与えられた枠やその評価によるものではなく，「むつかしいけれどもがんばった，もう少しだけれど手伝ってあげたなどというふうに自己の行動をのりこえた自己を感じさせる」といった，子どもの主体的な自制心の形成を助ける実践指導が必要となります．

さらに，日常の指導において，「抵抗を加えて固定したイメージを変革させる」ことが必要だとしています．それによって「前のイメージと新しいイメージの二つの変数の"間"を自らの力で克服していくことに」なり，子どもが自己調整を内面化していくことにつながるとしています．つまり，日常の取り組みにさまざまな変化の要素を加えることで，物事の感じ方，見え方，捉え方，関わり方，仲間関係などへの意識が発展的に広がっていくことを促すことができます．そのような体験を通して，子ども自身が変化を自分の中でとりまとめ，対応できるようになることで，発達が推し進められていくと理解することができます．これが「可逆操作の交換性を発達的に高次化していく」方向での実践といえます．

「…シナガラ…スル」といった行動様式を示す子どもたちは，友だちを意識しながら，指導者を意識しながら，自分の行動を調整しようとします．もしも，指導者の求めに応えさせる指導ばかりになれば，社会的行動がとれているように見えても，新しく活動をつくりだせず，指導者との間に限定される閉じた内面世界をつくることになります．周りを見ながら，自分でやりたいと思う活動に友だちと共同して取り組み，自分から生活の見通しをつくっていける，自分を取り巻く世界を自分で広げていくことができるようにする指導が求められます．

代表的な指導実践の一つが「結び織り」の実践です．近江学園では1960年に生産活動の一つとして「結び織り」科がつくられ，発達年齢3歳から5歳くらいの子どもたちを中心に取り組みが始まりました．「結び織り」では「一貫した作業の中で，各種の作業種目が独立していること，またその作業種目は能力的な幅が広く，ほとんどの子どもたちが何らかのかたちで参加できる」作業として，仲間と協力して進める取り組みが続けられました．「ミックス編制」となってからは，作業学習の発展的見直しによって，夕方以降のサークル活動と

して「結び織り」が取り組まれるようになります.

「結び織り」活動が行われている場所に,友だちと誘い合って参加し,教え合ったり,大きい人たちに憧れを抱いたり,自分の作業に手ごたえを感じる経験を重ねていくなかでの子どもたちが次のように変化していきます.

楽しみである活動が生活する時間の流れを区別するものとなり,子ども自身が「『今日は結び織りがあるから,夕食の仕度を早くして,早く済まそう』と,掃除から夕食の準備,後始末をみんなで力を合わせてやりとげたり」,それまでより「主体的に生活を受け止め,自分たちで見通しを立てて,段取りをしていく姿がみられるように」なっていったと報告されます.直感的な調整をしはじめている子どもたちが,仲間と協力し合いながら手ごたえを感じる作業に出会い,体験を重ねることで,その活動を具体的な目標として,生活の見通しをもって調整し,仲間関係の中で生活の主人公となっていく姿と言えるでしょう.

（4）友だちを見ながら,自分と比べて考える——4歳の質的転換期にいる成人の姿から

ここでは,4歳の質的転換期にあって,自分の生活を主体的に営んでいる成人期の姿を紹介したいと思います.

かずえさんは,近江学園の流れを汲み,成人女子の社会的自立を目指して1953年に創設されたあざみ寮で暮らしてきました.集団生活を送りながらおとなとして仲間と協力し,労働を通して,4歳の質的転換期を豊かにしていきます.10代で入寮したかずえさんは,はじめ指導者から「何ごとにも意欲的で負けん気なのは良い.が,少しでも他の子どもに注意されると,すぐ怒る」と言われていました.その後,仲間との関係を基本に,カレンダー作りや染色といった造形活動に取り組み,外遊びと社会見学,さまざまな屋外作業などを体験し,思春期で2次元可逆操作を獲得していきます.田中は,かずえさんの発達変化を追い,思春期のかずえさんが,「よく聞いてから人に伝える」といった「…シナガラ…スル」活動様式を身につけてきていることを確認しています.

20代になったかずえさんは,体が小さかったためか,他の人より初潮が遅かったそうです.2次元可逆操作を獲得していくかずえさんは,仲間関係において,月経があるなしや,背が高い,低いなど,友だちと自分を比べて気づき,

自分に初潮がこないと泣いて，大騒ぎします．指導者から背が高くなればと慰められて落ち着いたものの，しばらくすれば，自分より背の低い友だちが初潮を迎えたことに気づいて，また泣き騒ぐようなことが続いたそうです．そして，待ちに待った月経が始まったときは，あざみ寮の友だち皆からの祝福が飛びかい，少し恥ずかしそうに「ありがとう」と応えるかずえさんの姿があったといいます．

　この例について田中は，集団生活の中で，かずえさんが友だちを見ながら，自分と比べ考えているからこそ抱いた悩みと願いであるとし，経験したことのない事態に，自分で具体的な見通しがもてず不安定になっていたと解説しています．そして，仲間からの祝福が飛びかったのは，かずえさんの悩みと願いを一人だけの問題とせず，仲間関係において一人ひとりの育ちを大切にして，一緒に喜べるものとして認識する指導があったからこそだと紹介しています．

　仲間関係を通じた育ち合いを大切してきたことは，「あざみ織」と呼ばれる織物作業から読み取ることができます．あざみ寮の織物工房がつくられたときから取り組まれた「ホームスパン」という毛織物の作業は，羊の毛を洗う作業から，染める，紡ぐ等，１台の織物機を動かすために，18人の力が必要な共同作業です．どの作業も，欠けてはならない大切な作業であり，それは，発達の差や作業の大小にかかわらず，協力し助け合う関係の育ちを可能にし，作業がそれぞれのペースで上達していくさまを仲間で共有し認め合う日常につながっていました．

　時が流れ，織物の種類や取り組む仲間が変化しても，育ちを認め合う姿勢は変わりません．新しく入寮した仲間が織物工房に参加した際，かずえさんをはじめ，工房の先輩たちである仲間が作業の終わりに，「よくがんばったね．上手になってきたね」と言葉をかける姿がありました．

　さらに，働くおとなとして仲間と協力して生活を営むために，生活場面では自治活動に取り組んできました．その一つで，一人ひとりの悩みが仲間関係で大切に共有され，日常の中で意識されていく活動となったのが，茶話会と呼ばれる仲間の話し合いの場です．茶話会は，さまざまな当番活動の内容やメンバーの確認などを行い，一人ひとりがさまざまな意見や想いなどを出し合い，仲間と考える場であると言えます．かずえさんのように年齢を重ねていくなかで

抱く願いからくる悩みもあれば，家族や友だちへの想いや悩みもあって，共に暮らす友だちの想いを知り，共有する場です．友だちの悩みや願いを聞きながら，自分の悩みや願いを振り返り，どちらも大切にしたい想いが育っていくのでしょう．想いを出し合うだけで解決していくこともあれば，ときには友だちや支援する職員が一緒に考えていくこともありました．その茶話会での話題が，作業場や余暇時間の場での話題につながり，一人の悩みと願いへの共感と励ましの言葉が静かに交わされる姿となっているのです．

写真1　自分の作品の前に立つかずえさん
残念ながら，かずえさんは本書の執筆中，66歳で亡くなりました．体力が衰え，思うように仕事ができなくなっても，友だちや職員の力を借りながら，自分にできることを考えようとしました．かずえさんは，加齢による変化に悩みながらも，願いをもって，最後まで生き抜きました．

かずえさんは，仲間と働くことを通して悩みと願いを大切にされる指導実践の中で，仲間と協力しながらがんばっている自分への信頼を積み重ねていきます．働くことと生活，クラブ活動や学習会など，さまざまな仲間関係の中で体験を重ね，30代以降のかずえさんは，仲間や指導者の動きを気にしながら，仲間のために自分にできることを見つけてがんばる生活を送っていきます．自分から必要なことを見つけて手伝っていくかずえさんは，自分の仕事や生活，好きなことを大事にしながらも，仲間に必要なことを進んでしようとします．自分のことをしながら，仲間を気にかけ，仲間を手伝いながら，自分のやりたいこと，やっていたことを考える，自身の生活を主体的に営んでいるおとなの姿と言えるでしょう．仕事でも，自分の好きなものを作品に描き，おとなとしての自信をもって，作業に取り組んでいきます（**写真1**）．

4　さまざまな指導実践における諸問題

これまで，4歳の質的転換期を発達研究と実践の歴史からみてきましたが，指導実践に取り組む際に何を大切にすべきかを整理し，実践上の課題を考えて

みたいと思います.

　発達とは,「外界をとりいれ,新しい活動をつくりだし,そうすることで自らの内面性を豊かにしていく」過程です.先述したように,田中は2次元可逆操作期にいる子どもへの指導の基本は,「2次元世界の外に2次元世界と関係をもたせながら自己を位置させること」が大切であるとしました.たとえば,2次元可逆操作期の子どもは服を着ながらお話をするなど,「…シナガラ…スル」とさまざまな2次元のあいだで操作できるようになりますが,徐々に「動作だけでなく,頭の中で,目標をもって,気持ちをこめてまとめあげていくこと」ができていきます.つまり,「…だけれども…しよう」「本当は…だけれども…するのだ」という認識の仕方で,それにもとづく自制心を形成していくことになります.その際,複数の活動グループまたは集団が意識的につくられ,子ども自身の気づきが促されていくことが重要となります.

　そのような集団活動が保障されることで,他者の主張に気づき,受け入れようとする心のはたらきが自制心の形成を確かなものにします.気づき,受け入れるためには,価値あるものとして認識して自ら参加すること,同じ目標に向かって行う活動が,一人よりもみんなでするから楽しいと,子ども自身がわかっていることが重要になります.

　しかし,残念ながら発達に障害がある子どもがそのような指導を受けにくいことを田中は指摘しました.その状況について,「障害をもつと,それがさらに困難になり,むしろ,人間関係や成育史,生活環境がパターン化することによって,いわば交換性が低くなり,逆に2次的症状や負のフィードバックがつくられやすくなっている」とも指摘しています.

　発達に障害がない子どもも2次元可逆操作期では,さまざまな2次元をがんばってまとめあげようとする活動の中で「できない」自分に気づくことがあり,不安定な姿を見せることがあります.その姿に指導者は,枠づけられた目標を示し,褒めることで達成感をもたせる指導を行うことがあります.それによって,子どもが落ち着き,あたかも自制心が形成されているような姿を見せることがありますが,やがて自ら選んだ活動や評価ではないことに子ども自身が気づくことになります.

（1）4歳児の悩みと願い

　ここで，本章の最初に紹介したAがいる4歳児クラスの実践をみていきます．Aは姿勢運動，手先の操作で「…シナガラ…スル」といった行動様式がみられていましたが，友だちとの関係で自分の行動を調整して関わることができませんでした．担任の先生はAが自分から友だちの方に出向いていき，自分の思いと相手の思いを意識しながら，相手の行動を受け止めて自分の行動を調整する経験をしてきたのだろうか，自ら取り組みたいと感じる活動経験があったのだろうかと振り返りました．Aの不安定な姿は，仲良く遊ぶ他の友だちの姿を見て，自分も同じように仲良く遊びたいと願うようになったからだと考えられました．同時に，A自身が友だちにどのようにはたらきかけるか，それを友だちは受け止めてくれるのかと，目の前の友だちの気持ちに気づきはじめているからこそ戸惑っている悩みのあらわれだと考え，保育を見直しはじめます．

　保育内容としては，季節の制作や栽培などさまざまな準備がなされ，そのなかで二分的な世界や他律からの脱却を試みます．Aだけでなく，相手に厳しい子どもや自信がもてず活動に参加しようとしない子どもを含め，クラス全体で，「できる」「できない」や，相手との比較にしばられないようにすること，自分のやりたいことを見つけ，できることから自信をもつようにすること，それが子どもたちの助け合いの中で育まれるようにすること，生活の基本として一緒に遊びたい，もっと遊びたいと思える経験をたくさんさせることを軸に保育を見直していきます．さらに，担任が指導を行う形式ではなく，子どもたちが自ら気づくことができるように仕掛けていくこと，おとなは一歩引いて見守る姿勢に徹することを大切にします．

　日常の活動において，子どもたちが自ら気づいて行動できるように，準備に時間をかけて行った取り組みの一つが紫陽花の制作（**写真2**）です．紫陽花の形がシンプルな丸から，曲線がいくつも続くものなど，さまざまです．保育では一人ひとりが作品を作る場面がよく見られますが，ここでは，形が書かれた紙からハサミで切り取る作業，色を塗る作業，台紙に貼る作業の中から子どもが選んで参加しています．ハサミが苦手な子どもは，友だちに切ってもらったものに色を塗り，色を塗るのも苦手な子どもは手形をつけています．それまで

写真2　紫陽花の制作

ハサミの作業や色塗りに参加しなかった子どもが，台紙に完成した紫陽花の形を貼る作業に参加して，しだいに制作活動に参加するようになる姿もあり，「できない」自分でなく，友だちと助け合いながら，自分でやってみたい思いを出せるようになっていきます．

　さらに，子どもたちがやりたいと思う遊びにたっぷり時間をかけました．役割を自然に交代し，相手がいることで楽しいと感じる子どもたちは，「遊びたい！」と相手を求め合い，遊び込む時間を過ごしていきます．Aは，家から折り紙を持ってきて配ることがなくなりました．友だちから指摘されることがあったら，言い返しますが，友だちと一緒であれば，何の遊びでも役でも遊ぶことができ，遊びの展開を待つ時間や友だちとの話し合いの時間も楽しんでいる姿が見られるようになります．自分がやりたい遊びを提案するAの表情は輝き，嬉しさと誇らしさで溢れていました．Aは「○○でありたい自分」と向き合い，友だちと関わっていくなかで，がんばり合う姿，楽しさを共有していきます．我慢して相手や集団に合わせる姿ではなく，ときには違う思いをもつけれど，同じく楽しい遊びが大好きな友だちとの関わりを通して，自らを律する自制心を見せるようになっていきます．

（2）青年期以降の実践について

　青年期以降における実践は，働くことを通して取り組まれることが基本になります．発達的に4歳の質的転換期になると，生活経験を重ねることで自らの行動を調整し，働くおとなとして，生活と仕事での見通しをもって日常を送る姿が見られます．たとえ，時間的な認識が充分でないとしても，その人なりの生活の見通しがつくられていきます．生活や仕事の中で求められる自分の役割に気づき，がんばって応えようとします．近江学園やあざみ寮において，発達に障害のある人たちにとって他者とともに暮らすことの意味と働くことの意味

写真3　他児のがんばりを見守る4歳児

が確認されてきました。

　今日では高齢になっていく人に対する実践上の支援が課題となっています。身近な人の老いや死を経験し、自分自身の老いによる変化とその先にある死を感じることにもなります。

　あざみ寮で4歳の質的転換期の力をもって、おとなとしての生活を営んでいた50代の一人が、辛い体験をしました。久しぶりに再会した母親が認知症の発症によって、娘である自分を忘れていたのです。戸惑いと不安で、あざみ寮に戻ってからも落ち着きませんでした。一人ひとりの悩みをみんなで大切にしてきたあざみ寮では、老いや死に関する体験学習会を始めることになります。老人体験や介護体験をしたり、老いによる変化を専門医から具体的に話してもらい、みんなの悩みとして一緒に学んでいきます。仕事をしながら、居間でくつろぎながら、みんなで身近な人の老いや死への話題が穏やかに交わされ、学びを確かなものにしていきました。

　4歳の質的転換期においては、初めての事態にすぐに力を発揮できないことがあります。そのとき、仲間とともに学び、自分にできることを知り、行動したいと願う本人の思いを支援する実践が求められます。母親の認知症に戸惑った本人は、体験学習会を通して、さらに自分にできることを学びたいと希望し、支援を得ながらヘルパー資格の講習を受けました。母親の介護を手伝うことはできませんでしたが、施設内で老化が進む友だちの世話を手伝うようになりました。

　老いや死が身近なものになったときにも、ライフステージの主人公であることができるように、自分自身の身に起こりうる事態に戸惑うばかりではなく、年齢の変化に対して意識的かつ自主的な対応ができるように学び、仲間と助け合い共感する実践が望まれます。発達に障害のある人が高齢期に見せる発達について、研究や実践が積み重ねられていく必要があります。

本章では，近江学園を中心とする発達研究と実践から，4歳の質的転換期を考えてきました．通常の4歳児は，自分のできることをやろうとしながらも，友だちを気にしながら，先生を気にしながら，がんばって生活を送っています（**写真3**）．成人期の場合は，仲間とともに働き，生活していくなかで，通常の子どもでは見られないおとなとしての豊かさを示しています．「4歳」が他者を意識しながら，自分でがんばりたい思いであふれていることを理解し，他者と導き合い成長していく実感をもてる実践が求められます．そして，実践を行う支援者自身にも，仲間と導き合い，助け合う関係が保障されることを願っています．

文　　献

張貞京（2021）人とつむぎ，織りなす日々のなかで──高齢期の発達．みんなのねがい．2021年度4月号〜3月号．

藤野友紀（2020）4歳の質的転換期の発達と発達診断．白石正久・白石恵理子編，新版教育と保育のための発達診断 下 発達診断の視点と方法．全障研出版部，pp.123－144.

滋賀県立近江学園（1961）近江学園年報．第9号．

滋賀県立近江学園（1964）近江学園年報．第10号．

滋賀県立近江学園（1965）近江学園年報．第11号．

田中昌人（1974，復刻版2006）講座 発達保障への道③発達をめぐる二つの道．全障研出版部．

田中昌人・田中杉恵（1980）発達段階を考え始めた頃（インタビュー，聞き手＝岡本夏木・村井潤一）．発達，1(2).

田中昌人・田中杉恵（1986）子どもの発達と診断4　幼児期Ⅱ．大月書店．

田中昌人（1989）自制心の普遍化による自治能力の発生．人間発達研究所編，青年・成人期障害者の発達保障3　集団と人格発達，全障研出版部．

田中昌人監修「要求で育ちあう子ら」編集委員会編（2007）近江学園の実践記録　要求で育ちあう子ら──発達保障の芽生え．大月書店

寺川志奈子（2020）2〜3歳の発達と発達診断．白石正久・白石恵理子編，新版教育と保育のための発達診断 下 発達診断の視点と方法．全障研出版部，pp.98－122.

4章　7歳の発達の質的転換期と発達保障

川地亜弥子

1　発達の質的転換期と保育・教育の節目

　この章では，「可逆操作の高次化における階層─段階理論」（以下，「階層─段階理論」）において，生後第3の階層（次元可逆操作の階層）の第3段階にあたる7歳の質的転換期を中心にとりあげます．

　この時期は，5歳半ごろの「生後第3の新しい発達の力」の誕生が完了する（田中，2003）と同時に，9，10歳ごろの変換可逆操作の階層への飛躍的移行の前段階にもあたります．9，10歳ごろからは本格的に書き言葉を駆使していくようになるわけですが，その発達的準備は5歳半ごろから始まります．7歳前後の子どもたちが，話し言葉の世界をゆたかに広げつつ，どのように書き言葉の世界を獲得していくのか，なかま関係や自分の見つめ方の変化に目を向けながら考えていきます．

　6，7歳ごろは，日本の教育制度において，義務教育の始まりの時期にあたります．小学校に入学し，新しい友だち，新しい先生，新しい教室，びっくりするくらい広い体育館やグラウンド…と新しい世界への出会いに満ちた，わくわくする時期を経て，学校にもなじんで，さらにおもしろいことをやっていく時期と重なっています．ただ，子どもたちが関心をもち，活動を味わうことを重視し，自分たちで課題を決めて自分たちで取り組むことを重視することが多い幼児教育に対して，学校教育は，できるようになることを重視して，各教科の学習内容を系統的に学ばせようとする特徴があることが指摘されています（奈須，2012）．また，一番大きい存在だった園でしていたことを，一番小さい存在になる学校ではする機会がなくなる，ということもあります．

系統的学習は必要ですが，「どうして○○なんだろう」「もっと○○してみた
い」という問いをどんどん出し合いながら学ぶ生活や授業を大事にしていくこ
とが重要です．乳幼児期の発達保障の取り組みから学校教育がゆたかにつなが
っていくために，この時期にどのような教育・指導が重要なのか，考えていき
ます．

2　なかまとともに筋道をつくる
──「生後第3の新しい発達の力」の誕生から3次元可逆操作期へ

　5歳半ごろになると，発達的な2次元の世界（始まり─終わり，できる─で
きない）から，その「間」の世界をふくらませ，発達的な3次元を形成してい
きます（服部，2020）．家にまっすぐ帰らず寄り道を好み，保護者がいる家庭
（第1の世界）や「先生」と言われるおとながいる園や学校（第2の世界）で
はなく，子ども同士の「第3の世界」（田中，1988）を大切にします．友だち
と遠くまで歩いた道を思い出し，一つひとつの経験を織り込みながら，「エッ
トネ」「アノネ」「ソレカラズーットイッテ…」など，自ら筋道・文脈を形成し
ながら，一生懸命に伝えてきます．
　自分を基準として左右がわかるようになる，基準となる基線・基点ができて
絵などにもそれがあらわれる一方，物の見方をひっくり返すことができるよう
になって「反対ニシタラ同ジヤ」と言ったり，おとなと立場を逆転させるよう
ななぞなぞや汚い言葉遣いを好んだりもし，しっかりしている姿と，あまのじ
ゃくな姿が混在する時期でもあります．
　ここでは具体的に，道順描画やその説明がどのように変化するのかをみてい
きます．

（1）道順描画やその説明にみられる変化

　2次元可逆操作の時期に，保育園から家へ帰る道順を尋ねると「アッチイッ
テ，コッチイッテ…」と表現したり，「ズーットイッテ，ズーットイッテ」と
言いながら指し示す手の方向を変えて組み合わせたりというやり方で，基本的
に2つの関係変数でやりくりしようとします．そのため，話してもらった通り
には行くことができず，目的地にたどり着けません．

それが，小さい丸から順次大きい丸まで系列化して描ける3次元形成の時期になると，「アノネ，エートネ」をたくさんはさみながら，「ソコノ○○ヤサンノトコロヲ，ミギニマガッテ…」というように手がかりをおさえて説明してくれます．聞いている私たちにもよくわかるようになります（田中，1974）.

　この時期の子どもたちの説明は，聞き手の姿勢で随分変わります．安心して語ることのできる集団の中では，「アンナ，ソンデナ」をたくさん入れながら，どんどん話していきますが，「さっさと言いなさい」と言われるような状況ですと，とたんに言いにくくなります．子どもの言葉を先取りして「こういうことね」と言われてしまうと，あふれるように出てこようとしていた言葉が引っ込んでしまいます．

　また，「家から保育園まで行く道を描いてください」とお願いすると，「新しい発達の力」が誕生するころの子どもたちであっても，目印や曲り角がなく分節化されていない地図を描くなど，あいまいなものになります．しかし，ここで「隣のおばちゃんが，保育園に行く道教えてほしいんだって」と付け加えると，地図が分節化されてきます（服部，2009）.おとなの支えがあることで，他者の立場から考えることができるのです．実際の道とは少々異なるなどの不十分さはみられますが，「この人にわかるように」と意識されることで，ぐっと変わってきます．

　つまり，3次元形成のころになると，教育的な関わりの中で，この人に向けて話すのだという意識が明確になることで，自分なりに筋道や理由をつけて語ることができるようになってくるのです．子どもと，子どもが伝えたい相手と，その人に向けて話すことを支える人（共感的な先生など）という関係をしっかりと意識したはたらきかけが求められます．

　なお，道順描画は，就学後次のように変化することが指摘されています．1年生ごろになると，生活科で地域探検したときの発見を，一つの道に沿って描くようになり，2年生ごろから道筋のネットワーク化が始まり，3年生で正確ではないながらも道路網を準拠枠とした ある範囲の地域全体の地図を描きはじめ，4年生ごろでほぼ正確な地図が描けるようになりはじめます（谷，1980）.

　3次元形成期におけるおとなの支えの中で他者にわかるように説明できる力が，3次元可逆操作期以降になると，学校教育での系統的学習ともあいまって

より整理されて確かなものになっていくことがわかります.

（2）自分を中に繰り込んで，みんなで達成する

　こうした，他者からの視点に立ちながら地図を描くような力は，一人の活動よりもなかまとの活動の中で，他の人の視点に立つことを何度もくぐることによって立ちあらわれてきます．田中（1974）は，5歳児の発達について，「自分の外の世界を，どちらかというと空間的に把握することから，なかま・社会との結合を強めて，自分をその中に繰り込んだ三次元的認識をし，内からの変革を達成しようとするまでの発展をたどる」と述べています．

　こういった発達の事実は，まだ障害のある乳幼児が保育園や幼稚園に入園することが制度として保障されていなかった1970年代初頭の実践の中から認識されてきました．たとえば，大津市のつくし保育園のぞう組（5歳児クラス）に，歩行の獲得などをこれからの課題としてユミちゃんが入園してきたときのことです．ある日，ユミちゃんは，友だちのノブちゃんの手を持って歩き出します．他の友だちや保育者が見守るなか，一歩一歩歩いたのです．その喜びをお母さんに伝えたところ，「家では私の手を持って歩いています」と言われました．

　保育園はユミちゃんにとって意味があるのだろうかと，一度は落胆した保育者集団でしたが，保育会議で，そのときの場面をもう一度振り返ります．そして，ノブちゃんと歩いたときのユミちゃんの顔には，新しい経験をしたときの輝きがあったことに気づきます．家の中だけで，お母さんとだけしかできなかったことが，友だちとできることの意味が深められていきました．歩いたか・歩かなかったか，何歩歩いたか，など，育ちをそこだけを切り離して「発達」だと思いがちだったなかで，「どのような条件のもとで，いかなる教育的はたらきかけによって，だれと，何のために，何に向かって，それをいかにゆたかになしとげたのかを，これまでにもっていた力の変化にも目を向けつつみていかなければいけない」「なかま・社会との結びつきを強めて，自分の（人格的）輝きをもってくることをたいせつにしていかなければならない」と問い直しはじめます．ユミちゃんを保育園全体で受けとめることによって，「みんなと一緒に自分でする」ことの価値が保育者集団の中で発見されてきたのです．

　同時に，ノブちゃんの育ちも深められました．ノブちゃんは，ちょっとした

ことで大きな声を上げて友だちにくってかかっていたのですが，そのノブちゃんが，ユミちゃんの気持ちをよくわかっていたこと，保育者に読み取ることができなかった力を，ユミちゃんとの関わりでしっかりと発揮していたこと，こうしたことを，保育者集団で確かめ合いました．このように，ユミちゃんの入園は，予想をはるかに超えて「職員集団の子どもたちを見る見方が変化し，前進」することにつながっていきました．

こうした経験から得られた，障害が重いと言われる子どもたちも，周囲の子どもたちも，なかま・社会の中でこそゆたかに発達していくことへの確信は，その後の大津市における希望する障害児の全員入園の制度化に結び付いていきました．

文字や作文を書くことは，一人で行うことのように見えますが，実際には違います．伝えたい相手がいる，伝えたいことがある，そして，楽しさや苦労を分かち合える仲間がいるなかで，生き生きと書けるようになっていきます．ユミちゃんとともに育ったぞう組の子どもたちが，生まれてはじめて両親から離れて泊まる卒園旅行に出かけます．山に登り，カレーライスを食べ，ともに夕闇を見つめ，知っていたはずの友だちのまったく別の姿を発見していきます．帰ってきた後，旅行の経験を一生懸命話し，小さいクラスの人にも伝えるなかで，泊まった民宿が大切な経験をさせてくれたことに気づいていった子どもたちは，文字を書くことはまだ難しかった子も含めて，民宿のおばさんに「おばさんありがとう」の一文字一文字を探しながら手紙を書くに至ります．

その後，ぞう組のアユミちゃんが，手術のために入院します．友だちはアユミちゃんを励まそうと，テープに応援の声を吹き込みました．それを，涙を流しながら聴いたアユミちゃんが，みんなに手紙を書きました．その中になんども「みんなありがとう」が出てきます．田中は，「集団と内的に結合した個人の文脈の耕しかたになっていきつつある」と指摘しています．「アノネ，エートネ」は個人の文脈の耕し方にとどまることがあるけれども，この「みんなありがとう」は，何度も使うことによって，自分の気持ちをたくさん引き出すためにどうしても必要だったのではないかと指摘しています．

3　自分の視点と他者の視点を調整しようとする
　　――３次元可逆操作期の特徴

　３次元可逆操作の時期になると，なかまの中で，自分なりの筋道のある表現をゆたかに展開しながら，他の人の見方とぶつかったときに，より他者の考えに目を向けられるようになります．そのため，５歳半ごろの「新しい発達の力」の誕生の時期に比べると，信頼できるおとなの考えをよく聞き，自分と考えが違うと，なぜ違うのだろうと考えるようになります．

　９・10歳の発達の節の時期のように，自由に相手の視点と自分の視点の間を行き来して両方の視点をふまえて説明することまでは難しいのですが，両者の視点を統合・調整しようとする努力がみられます．そのため，トラブルやけんかなどがあったときに，周りの子どもたちに聞いてみると，○○ちゃんはこうや，□□くんはこうやと思う，というように，それぞれの子どもの考えの筋道を読みとこうとする姿がみられます．それは，あらたな葛藤にもつながる一方，トラブルの渦中にいた子どもたちが，そうした周りの子どもたちの話していることを聞いて少し落ち着いてきて，相手の立場に立って考えるようにもなります．決してうまく解決できることばかりではないのですが，こうした積み重ねの中で，自分たちの力でいろいろなことを解決していけるという生活の主人公としての実感を生んでいきます．

4　書き言葉の中に見えてくる子どもの発達と内面世界の深まり

　３次元可逆操作期は，話し言葉をゆたかに展開しつつ，書き言葉を本格的に準備していく段階にあたります．９，10歳の節を越えると，あらかじめ書く内容やテーマを考えて書くようになりますが，その前の３次元可逆操作期においては，話し言葉だけでは得られなかった気づきや認識を自分のものにして，どんどん展開していく姿がみられます．９，10歳の子どもたちの作品と比べると，内容のまとまりが感じられないこともありますが，その一方，この時期ならではの，話が次々に展開していくおもしろさを感じることができます．その様相を，次にみます．

（1）友だちとの世界──やんちゃな遊びと「ひみつ」の共有

　　　　雨の中で　　　　小2　まお

　わたしはこんだんかいがおわるまで，しゅくだいやあそびをすることにしました．わたしは矢野目くんとあら馬のれんしゅうをすることにしました．ちょっとだけしかやりませんでした．

　その後，ひみつきちに行きました．ひみつきちはせまいので，しゃがみながら入りました．その時

「せまい」

と言いました．ひみつきちは矢野目くんとわたしだけの場しょです．ぐるぐる回れるようになっています．その後，水で道を作って，またあら馬をやろうとしたけれども，しゅくだいをやることにしました．おわったら，外であそんでいた，あやみちゃんたちといっしょにあそぶことにしました．

　かさがぶらさがる高さのてつぼうにかさをひっかけて，にもつをおきました．

「手がさむい人」

と池さきさんが言いました．あやちゃんとわたしがあそびのびょういんに行ったら，野じりさんたちがあたためてくれました．うれしかったです．

　ママがよんだので行くと

「雨の中であそばないでって言ったのに！」

と言いました．楽しかったから，またあそびたいです．

（日本作文の会編，2011）

　自分たちだけの秘密基地を作ることは，楽しく夢中になれる遊びです．この作文を書いたまおさんは，先生からみると普段はおとなしい子だとのことですが，友だちとの世界では次々に遊びを展開して，やんちゃな姿をみせています．

　「ひみつ」という言葉の使い方は，おとなとは少し違うようです．「ヒミツヤデ」と言いながら，当の本人が，どんどん他の人に言ってしまったりします．とても大事，大好きな人には伝えたい，という意味で理解した方がしっくりきます．自分たちで発見したとても大事なことを教えてくれて，おとなからみれば，ほほえましくもありうれしくもあります．

ただ，たとえば9・10歳の節をゆたかにしている子どもたちと一緒に約束したひみつですと，「なんでひみつを守らないの！」と責められることもあります．もめたときには，それぞれの思いを受けとめながら，おとなが間に入って調整することも必要になります．

（2）信頼できる他者を支えに，自分なりの筋道をつくる

　5歳半ごろには，自分なりの論理で全体をとらえ，どんどん話していきますが，6，7歳児は，「自分自身よりもむしろ，親の態度やことばでそれを判断する傾向が強い」（服部，2000）ことが指摘されています．5歳半ごろの「新しい発達の力」が誕生する時期には，結果を重んじるという価値基準によって，「自分はこう思う」という考えが比較的はっきりしていたのに対し，3次元可逆操作期になると，他者の考えに目を向け始めることによって，それまでのようにきっぱりと言えなくなったり，おとなはどうして？…と考えるようになります．

　　　　おかあさん　　2年　はやと
きのう
ひろし（※弟）とけんかをしたから
おかあさんにおこられた
おふろでもけんかしたら
おかあさんにおこられた
なんでおこるんやろう
　　　　　　　　　　　　　　　　　　　　　（京都　　石澤雅雄指導）

　自分たちにはけんかをする理由があるのに，なぜだろう，と疑問に思う気持ちが出ています．しかし，自分の考えがなくなっているわけではありませんので，ときには，おとなにはっきりと言います．

　　　　わたしも言うよ　　小2　るみ
ピアノからかえってきて，すぐに
「しゅくだいしー．」

「しゅくだいしー.」

て言われるけど,

わたしだって,

学校でもいっぱい手をあげてるし

作文もいっぱい書いてるし,

本読みもいっぱい読んでるし,

算数も九九だって

いっぱいがんばってしてるんやで.

わたしがしゅくだいしているあいだ,

おかあさんはねころんでる

わたしだって,

きゅうけいして,ねころばして.　　　　　（日本作文の会＋子ども委員会編, 2001）

　この子は,お母さんに対しておとなにもよくわかる理由を伴って自分の主張をしています.このときに,反抗的だと嘆くのではなく,むしろ「そのとおりだなあ」と思うところはしっかり受けとめ,おとなも自分の思いを話して,お互いの思い,意見を尊重していく生活を積み重ねていきたいものです.

　先のひみつきちの日記もそうですが,おとなとは違う自分なりの考えを述べることを,おとながどう支えていくかが問われます.子どもの「わたしは…」「おとなはどうして…」という思いを大事に受けとめ,お互いに納得する機会を増やしていくことが大切です.

（3）思考や感情の理解の深まり

1）「すごい！」気持ちも「むなしい」気持ちも

　次に紹介する二つの作文は,川地（2009）にも掲載していますが,ここでは2年生ごろの発達的特徴という観点から読み解いていきます.

　　　　ぼくってすごい　　小2　ともひろ

きょう,かけざんで

六のだんだった.

そして，家で
かけざんを言ったら，
なれてきて，
六のだんを教科書を見ないで，
できた．
じぶんでも，びっくりした．

（西條，2006）

　九九の中でも六，七，八の段は，この時期の子どもたちにとって，つまずきやすいところです．ともひろくんを指導した担任の西條さんも，単に覚えさせるのではなく，概念を深める授業や取り組みを丁寧にしています．それでもやはり六の段は難しいのです．九九は単位当たり量の学習につながっていく非常に大事なところであり，九九の学習ができないと，その後の学習も大変なので，西條さんは覚えられるまで指導します．明るい雰囲気の指導ですが，子どもたちは，合格するまでやらないといけないので，「大変だ！」という気持ちをもっています．

　このともひろくんは，六の段ができなかったので，家でもやったら，うまくできて，「じぶんでも，びっくりした」と書いてきたのです．この作文が出てきたときに，西條さんは子どもたちに，こう話しました．「六の段ができた．すごい！　だけど，それだけじゃない．いままで長く学校の先生をやってきたけど，『ぼくってすごい』という題で日記を書いてきたのはともひろくんが初めてです．『ぼくってすごい』って書いたことがすごい！」．

　すると，子どもたちから「おれもすごいことがある」，「わたしもすごい」という日記が，たくさん出てきました．1年生は，その場で全部聞いてもらわないと気がすまないことが多いですが，2年生になると，後で日記に書いてくることも増えます．

　すると今度は，「できないこともある」という日記が出てきました．

　　　むなしいけんどう　　　2年
　きょう，けんどうにいった．まえ　ゆうたくんが　上きゅうに　上がったから，きょうは　のこりの　おかむらくんと　山本ゆうと　ぼくだ．のこりの

4人になって，とてもむなしいな．こえもむなしい．げんきもむなしい．なにもかもがとってもむなしい．

（田中耕治，2010，西條実践報告）

　西條さんは，「そうやなあ．人生，がんばっても，できないこともあるよな」と話しました．それを子どもたちは真剣に聞いていたといいます．そこで西條さんは，一枚文集（B5判かA4判程度の大きさのプリント1枚に子どもの作品を載せたもの．冊子タイプの文集よりもタイムリーに出せる便利さがある）を出すときに，上の段には「ぼくってすごい」「わたしってすごい」という日記を載せて，下の段には「むなしい」日記をずらりと載せました．子どもたちはどちらも共感しながら読んでいきました．

　西條さんは「おとなもそうやで．できることや楽しいことばかりじゃなくて，むなしいこともしんどいこともあって……」と言うと，子どもたちもうなずきながら聞いていきます．学級通信で，できること，できないことの両方を載せて話したことで，そのどちらも自分にもある，ということがよくわかったようです．

　低学年は，人間についての多面的な理解が可能となっている時期であり（田中，1987），うれしさや悲しさ，むなしさなどの理解が深まる時期です．このときに自分や身近な友だちの中に，多面的な思いが織り込まれていることを深めることが大切になります．6・7歳から9・10歳にかけての相互的な関係理解と友人関係の深まりについては，下巻の第7章「7〜9歳の発達と発達診断」（楠，2020）も参照してください．

2）友だちの心を深く想像して

　7歳ごろになると，他者の心の動きを深く想像することができはじめます．ただし，いつでもできるわけではなく，きっかけがあって，落ち着いて考える時間があるときです．たとえば，次の作品は，友だちが転校して1週間経ったとき，先生が誰も座っていない残された机を見ながら，「今頃，たみちゃんどうしてるかなあ」と言って，みんなで作文を書いたときのものです（机は，転校していった子のことに気持ちを向けてほしいので，1週間ほど，片づけないでそのままにしています）．

　　　　かすがの小学校できんちょうしてるんや　　　２年　かずのり

つくえ，小さいかな．

大きいかな，ふつうかな．

かすがの小学校の二年の一時間目は

作文やったら，いいのにな．

たみこちゃん，

ぼくらのことを書くかもしれないし．

たみこちゃん，

二年三組の　みんなのことで　なかんといてや．

さみしいし，なかんといてや．

ぜったいやで．

みんなの名前とか　わすれないでね．

　　　　　　　　　　　　　　　　　　　　　　　　　　　　（西條，2006）

　子どもも毎日忙しい．しかし，このように落ち着いて考える時間をとること
で，深く考えることができます．それを読み合えば，普段はみられない一面を
子どもたちはお互いに知ることができます．この作文では，「作文やったらい
いのにな」で，「ぼくらのことを書いてほしい」という気持ちがわかります．
でもそこで，ぼくらのことを思い出したら，泣けてくるかもしれない，と，た
みこちゃんの心を深く想像しています．だから「なかんといてや」．思い出し
たら泣いてしまうかもしれないけれど，泣かないでほしい，でも自分たちのこ
とを忘れないでほしい…とたみこちゃんの心を想像して，自分の願いを書いて
います．

　お互いの思いを知ることで，人間を多面的に深めていくことができるのです．
友だちの新しい一面を，新しい交流の手段である書き言葉を通じて発見すると
いうことは，この時期に大切にしたい取り組みです．

　佐伯（2007）は，「人や事物への『自己投入』によって世界を『知る』知
性」として「共感的知性」を重視しています．共感を一つの知性としてとらえ，
さまざまな学習の中で働きかけていくことが重要になると思われます．もちろ
ん，おとな自身が子どもの表現を丁寧に読み，理解していく共感的知性をもつ
ことが前提にあります．

5　発達に課題をもつ子への実践からみえてくること

　2年生になって，以前の自分のとらえ方について，具体的な経験を通じて見直していくことがあります．ある学童保育で，1年生のときに「お前のせいだろ～！」と，あたりかまわず怒鳴りつけていたしょうやくんは，2年生になると，もめている1年生に「絶対に相手が悪いって思うかもしれないけれど，ちょっとは自分が悪いこともあるんだよ」と言ったのです（河野，2012）．

　このように，他の人はどう思っているのだろう，という視野が広がると，去年までのそれがわかっていなかった自分と，今目の前でもめている子を重ね合わせ，関わっていくことができます．こうした振り返りは，「そんなことは悪いことに決まっている」という指導の中では生まれてきません．自分なりの考えを尊重されてきたからこそ，「もしかして…」と気づくことができるのです．

　なお，衝動的に行動してしまう子どもたちは，その後に落ち込んでいることがよくあります．そのときはついカッとなって止められなかったけれど，そうしないほうがよかったということは，よくわかっています．特に，○か×かの判断に陥りやすい子の場合は，自己否定も激しくなります．本人が自分の活躍を感じられる場面（係活動，教える活動，得意技を披露する場面等）を大切にしたいものです．また，どういうときに「やめられへん」のか，状況がお互いにわかると，すぐには難しくても，場面を自分で変えることが意識できるようになります．

　指導する側も，「悪いこと＝やめさせるべき」という判断ではなく，悲しみやつらさを理解してお互いに助け合う存在になるようにすることが重要ですし，ときには中学年以上の子どもたちに助けてもらうことも大切な意味をもちます．

　おとなが子どものこころを想像することの大切さを，やんちゃでがんこ，不器用と思われていたまことくんの低学年での変化を通じて，考えてみます（伊藤，1998）．まことくんは，1年生のとき，自分の名前が書けず，しかも書けるまで次の作業に移れませんでした．1時間たってもまだ自分の名前すら書けないときもありました．その一方，好奇心旺盛で，驚くようなことをやるエネルギーをもっていました．

懇談会の日，お母さんを待っている間に，まことくんが図書室の机の上をぴょんぴょんと跳びまわるという事件がおきました．担任の伊藤さんが「どうしてそうしたの」と尋ねると，今までだったら無言で絶対謝らなかったまことくんが，一言，「だって，おもしろいから」．

　伊藤さんは，「おもしろいからって，やっていいことと悪いことがあるでしょ」と叱りたくなる気持ちを抑えて，想像してみました．そして，「考えてみたらおもしろそうだから，今度，体育の時，跳び箱でやってみよう．もう図書室ではやらないでね．本を読んだり，勉強している人が困ったんだよ」と話しました．気にしながら周りにいた子どもたちも，戸惑いながら（先生は叱るものと思っていたのでしょう），大喜びでした．

　体育の時間，伊藤さんは跳び箱を全部出して並べ，「これはまことくんのアイデアの跳び箱渡りです」と言ってみんなで跳びました．他の子どもたちも気に入って，たびたび「まことくんの跳び箱渡りやりたい」と声があがりました．

　ここには，重要な指導上の留意点があります．やってみたいと思うとやってしまう姿を理解したうえで，それを否定するのではなく，「まことくんのアイデア」として友だちの中に出番をつくっているところです．このような生活の中で，まことくんは，2年生になると実感のこもる言葉で日記や詩を書いてきました．まことくんの困った行動は，まだ続いていましたが，それでも，隣の席のなぎさちゃんは，まことくんの詩「おかあさんがかぜだった」を読んで，「やさしいね　やさしくするまこちゃんはじめてきいたよ．おかあさんがよっぽどだいじなんだね」とまことくんのやさしい一面を驚きと共に発見して，まことくんに手紙で伝えました．否定し合うなかま関係ではなく，ともに認め合っていく集団づくりの中で，じっくり読む・話す・きく・書く取り組みが，目に見えない気持ちをゆたかに想像したり，よく知っているはずの友だちの知らなかった一面を発見したりすることにつながっていったのでしょう．

　なお，まことくんのように行動が目立つ子どもだけでなく，それ以外の子どもたちにも，丁寧な関わりが必要です．特に本人からの訴えもなく，心配なことがないように見える子どもたちも，おとなからの共感的な言葉，子どもたちのやりたいことや考えていることをよくわかりたいという気持ちでの関わりを待っています．実は授業やおとなの話がよくわからず，周りの子どもの行動を

見て真似しているだけで，不安の中にいる子どももいます．

　過密なクラス（通常の学級で１クラス上限35人は多すぎます），過密なカリキュラム（現代のカリキュラムは増える一方で子どもたちの負担になっています），先生の多忙さの中でこういった子どもの願いや不安は，見落とされることがままあります．こうした，教育制度上の問題を解決していくことが，発達保障のためには不可欠です．

文　　献

服部敬子（2000）成長の実感・成長への期待．高木和子編著（2000）小学校２年生の心理．大日本図書．

服部敬子（2020）５〜６歳の発達と発達診断．白石正久・白石恵理子編，新版教育と保育のための発達診断　下　発達診断の視点と方法，全障研出版部，pp.145-168．

伊藤和実（1998）先生こっち向いて──子どもたちの不安を生きる力に．桐書房．

川地亜弥子（2009）教育指導と発達的共感．白石正久・白石恵理子編，教育と保育のための発達診断，全障研出版部，pp.226-241．

河野伸枝（2012）子どもも親もつなぐ学童保育クラブ通信──学童保育の生活を伝える．高文研．

楠凡之（2020）７〜９歳の発達と発達診断．白石正久・白石恵理子編，新版教育と保育のための発達診断　下　発達診断の視点と方法，全障研出版部，pp.169-190．

奈須正裕（2012）小一プロブレムの正体と対応．児童心理，948号（臨時増刊号），pp.37-44．

日本作文の会＋子ども委員会編（2001）ココロの絵本８　イラつく　ムカつく！　大月書店．

佐伯胖（2007）共感──育ち合う保育のなかで．ミネルヴァ書房．

西條昭男（2006）心ってこんなに動くんだ──子どもの詩のゆたかさ．新日本出版社．

心理科学研究会編（2009）小学生の生活とこころの発達．福村出版．

田中耕治編著（2010）実践を語る．日本標準．

田中昌人（1974，復刻版2006）講座　発達保障への道①児童福祉法施行20周年の証言．全障研出版部．

田中昌人（1987）人間発達の理論．大月書店．

田中昌人・田中杉恵（1988）子どもの発達と診断５──幼児期Ⅲ．大月書店．

田中昌人（2003）障害のある人びとと創る人間教育．大月書店．

谷直樹（1980）ルートマップ型からサーヴェイマップ型へのイメージマップの変容について．教育心理学研究，28(3)，pp.192-201．

Ⅳ 障害と発達診断

1章　自閉スペクトラム症と発達診断

別府　哲

1　自閉スペクトラム症と発達診断

（1）鑑別診断である診断基準（DSM-5）と発達診断

　自閉スペクトラム症（Autism Spectrum Disorder）は，アメリカ精神医学会の診断統計マニュアルであるDSM-5（Diagnostic and Statistical Manual of mental disorders, fifth edition）（American Psychiatric Association, 2013）により，「社会的コミュニケーション及び対人的相互反応」の障害と「行動，興味の限定された反復的な様式」によって特徴づけられます．前者は人との関わり方が障害のない人と質的に異なること，後者はこだわり，感覚過敏─鈍磨の存在をその内容としています．こういった診断基準は自閉スペクトラム症児者の特徴をとらえるうえで有効ですが，一方で課題もあります．それはこれが鑑別診断であるため，他の障害とは異なる自閉スペクトラム症児者の特徴に限定されることです．そのため，目の前の自閉スペクトラム症児者をまるごと理解するためには，診断基準以外の視点が必要になります．もう一つは発達の視点が弱いということです．DSM-5の解説にはそれぞれの特徴が各年代（たとえば幼児期，成人期）でどのようにあらわれるかは詳細に論じられています．しかしそういったあらわれの変化が何を契機に生じるかという視点はあまりみられません．

　発達診断はそれによって目の前の児・者の理解を深めることにとどまらず，その指導・支援を導き出す内実をつくりだすことが求められます．そのためには，さまざまな特徴やあらわれを丁寧に把握すると共にその変化がなぜ生じているのかを探る視点が必要となるのです．

（2）機能連関，発達連関——機能間のズレ

　自閉スペクトラム症の発達診断を行う際に大切な視点はいくつかありますが，その重要な一つが機能間のズレへの着目です．

　これまでも自閉スペクトラム症児者は，発達の下位領域間のアンバランスがしばしば指摘されてきました（たとえば，Happé, 1994）．それはたとえば，WISC-Ⅲや WISC-Ⅳ などの知能検査でのプロフィールの特徴や，特定の領域において特異に高度な能力をもつサヴァン症候群（savant syndrome）の存在で示されています．しかしそういった研究は，アンバランスさをその特徴として述べつつ，それ自体を発達の様相としてとらえる視点はもっていません．そこには，各機能は別々に存在しており，それを足し算（あるいは引き算）して理解する人間のとらえ方（加藤，2015）があると考えられます．そのためアンバランスさを解消するために，弱い機能を強くする，あるいは弱い機能を強い機能で補うことが支援の方策として強調されます．

　一方，本書が依拠する「可逆操作の高次化における階層─段階理論」（以下，「発達の階層─段階理論」，田中，1987）では，アンバランスそのものを，機能連関，発達連関という視角でとらえます．ここでいう機能連関とは，ある能力が同じ時間の相において他の能力とつながっていることです．それに対し発達連関は，異なる領域の能力が，異なる時間の相において因果関係を形成することを指します（白石，2009）．これは人間を，それぞれの機能が相互に連関し総合した一つの人格をもった存在として成り立っているととらえる見方です．このとらえ方は，自閉スペクトラム症児者のアンバランスさを障害特有のユニークな機能連関のあらわれとして理解します．それに加えて，そのユニークな機能連関がどのような心理行動的状態（たとえば問題行動）を引き起こすのか，そしてその心理行動的状態はどのような発達連関によって変わるかまで射程に入れてとらえようとします．このユニークな発達連関を生み出す契機をとらえることが，支援を考える際に大きな意味をもつのです．

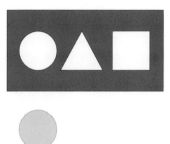

| 図1　はめ板課題 その1 | 図2　はめ板課題 その2（180度回転後） |

2　1歳半の節と自閉スペクトラム症

　前項「1自閉スペクトラム症と発達診断」で述べた点を，1歳半の節を例に
あげて考えてみます（下巻Ⅱ　3章「1歳半の質的転換期の発達と発達診断」
75 ～ 97ページ参照）．

（1）定型発達児における1歳半の節

　まず障害のない子どもの1歳半の節を振り返ります．「発達の階層―段階理
論」ではこの時期は，「…デハナイ…ダ」という操作様式を獲得するといわれ
ています．たとえば新版K式発達検査の「はめ板」課題でいえば，1歳半の節
の前（1歳前半）でも，目の前にある円孔に円板をはめることは可能です（**図
1**）．しかし円孔のあるはめ板を180度回転させ再度円板を入れるように指示さ
れると（**図2**），1歳半の節の前の子どもは，目の前の四角孔に円板を押し付
けるだけで終わります．一方，それが1歳半の節を過ぎると，四角孔に押し付
けた後，「ここ（四角孔）デハナイ，ここ（三角孔）ダ」，続けて三角孔にも入
らないと「ここ（三角孔）デハナイ，ここ（円孔）ダ」とし，最後に円孔には
めることができます．1歳前半が一つの世界（たとえば四角孔）に定位する活
動から切り換えられないのに対し，1歳半の節をこえるとそれがうまくいかな
いとき，もう一つの世界にも注意を向け行動を切り換えることができるように
なるのです．一つの世界ともう一つの世界の間で揺れ動き葛藤し，そのうえで

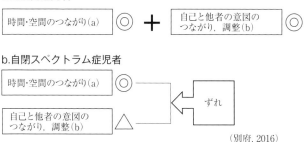

a.定型発達児者

時間・空間のつながり(a) ◎ ＋ 自己と他者の意図の
つながり，調整(b) ◎

b.自閉スペクトラム症児者

時間・空間のつながり(a) ◎

自己と他者の意図の
つながり，調整(b) △

ずれ

（別府, 2016）

**図3　定型発達児者と自閉スペクトラム症児者の1歳半の節
における機能連関**

一つの世界を選択することが可能になります（白石，2009）．この，もう一つ
の世界に注意を向ける力が，多様な二つの世界のつながりを形成しはじめます．

　その一つは，時間・空間のつながりです．たとえば毎日保育所で「先生がリ
ュックを背負って入り口に立つ」と次は「散歩」という経験を積み重ねると，
その時間的つながりが理解できるようになります．障害のない子どもの場合，
時空間的つながりはパターン化されたとらえにはとどまりません．「先生がリ
ュックを背負う」と次は「散歩」なのが，急に雨が降り中止になる経験もしま
す．しかしそこで自分の「散歩に行きたかったのに…」「嫌だ」という思いを
保育士にしっかり受け止めてもらうことなどを媒介にして，今日は「散歩デハ
ナイお部屋ダ」という切り換えをつくりだすこともできます．パターンではな
く葛藤を含みこんだものとしてつながりをとらえるのです．

　二つは，自己と他者の意図のつながり・調整です．さきほどのはめ板課題で
円孔に円板をはめることができた際に，定型発達児はそれを要求した他者に視
線を向け，「デキタデショ」という表情をします．他者の意図に気づきそれを
受け止められるからこそ，その他者にほめてほしい要求が生まれるのです．一
方で，からかい（teasing）のように，他者の意図に敢えてそむく行動をとる
ことも可能になります．相手の意図に反してでも「○○チャンガ！」と自分の
意図を押し通す自我の誕生もみられます．このように，他者と自己の意図に気
づき，それに合わせたりそむいたり主張したりといった，調整を行いはじめる
のです．

定型発達児は，時間・空間のつながりと，自己と他者の意図のつながり・調整を，1歳半の節という同じ時期に獲得します．すなわち，両者が機能連関して1歳半の節を形づくるのです（図3a）．

（2）自閉スペクトラム症における1歳半の節

一方，自閉スペクトラム症においては，この両者にずれが生じやすいと考えられます．それは時間・空間のつながりは形成しやすいのに対し，自己と他者の意図のつながり・調整には困難を示すというものです（図3b）（別府，2012；白石，2009）．そして自閉スペクトラム症が示す問題行動の背景に，このユニークな機能連関が存在することは少なくありません．次に，こだわりと破壊行動を頻発した成人の事例をもとに，この問題を考えてみます．

（3）こだわりと破壊行動を頻発した成人の自閉スペクトラム症者

1）Bさんの問題行動

ここで取り上げるのは，入所施設にいる自閉症の24歳Bさん（男性）です（別府・別府，2014）．Bさんは小学部低学年でひらがなを書ける力はもちながらも，激しいこだわりがありました．たとえば特別支援学校の中等部入学前後では，芳香剤へのこだわりが強く，店で自分の思い通りの順番（商品Aの横に商品B，商品Aはまず赤，次は青…などの決まった順番）に勝手に並べ替え，商品がないと別の店から勝手に持ってくるトラブルが頻発しました．

入所施設（24歳時点）では，職員が"先走り行動"と呼ぶ，何でも次へ次へと早くやろうとするこだわりが問題視されていました．たとえば，晩御飯で自分は早食いし，まだ食べている人の食器も勝手に片づける，並んで入浴を待つ際に前の人が服を早く脱がないと勝手に脱がす，などです．Bさんは仕事や生活の能力は十分あり，一人で何でもできるように見えました．その一方で上に書いた"先走り行動"の結果，周囲とトラブル→職員に注意される→持っていた食器を投げる・服を破るなどの破壊行動，が毎日のように見られ，施設では処遇困難ケースとされていたのです．

2）Bさんと1歳半の節

Bさんの"先走り行動"は，晩御飯の次は入浴，その次は就寝という時間的

つながりが理解できるがゆえに，早く次の生活に移ろうとする行動ともとらえられました．芳香剤を並べる空間的順番の理解とあわせると，パターン化したものでありますが，時間・空間のつながりは理解していたと思われます．

　新版K式発達検査を24歳時点で施行したところ，さきほどの「はめ板」課題はもとより，定型発達児では2歳台で可能となる「家の模倣」（積木を積んで入り口のある家の形を作る）も形式上は可能でした．しかし定型発達児の場合，課題を終えるたびに相手の顔を見て「デキタデショ」という表情を示し，相手から「上手だねえ」と言われ笑顔になるというやりとりが成立します．それに対し，Bさんはそういうやりとりをせず，作った直後に作ったものを自分で壊して一方的に終わっていました．「絵指示」課題（6個絵が書かれた紙を見ながら，「ワンワンどれ？」というおとなの問いに対し，犬の絵を指さして答える）では自分から「ワンワン」「ゴハン」と言いながら一方的に正しい絵を指さします．しかし1歳半の節を越えた定型発達児のように，相手に「ワンワンどれ？」と尋ねられてから犬の絵を指さす（可逆の指さし）ことはできませんでした．他者の意図と自己の意図のつながり・調整を行う点では弱さがみられると考えられました（図3参照）．

3）理解と支援 ――「好きな活動」であった書字行動に着目して

　一般に，問題行動は激しければ激しいほどそれをなくす（あるいは減らす）ことが目標とされます．しかしそれは，問題を示す機能が個別に独立して存在するととらえるからこそ成立するものです．それに対し機能連関の視点は，問題行動もいくつかの機能と関連する中で生じているととらえます．実践の中では，「（問題行動ではない）別の顔を見つける」こととして大切にされてきました．問題行動が激しい場合は特にそれとはまったく違う顔，つまりその子（人）が好きなもの，好きな活動は何かをつかむことが重要です．問題行動が激しいほどおとな自身が問題行動にのみ目を奪われ，他の機能との関連の中で子どもを理解することが困難になるためです．

　Bさんの場合，7歳くらいからできていた字を書くことは当初楽しい活動でした．24歳時点でも書字は自発的に頻繁に行っており，職員はそれがBさんの好きな活動だと考えていました．一方，当時Bさんはボールペンを執拗に要求し勝手に職員の部屋に入り紙とボールペンを持ち去る．それを制止されると興

図4　Bさんの書字（入所施設で，24歳当時）

奮し，ボールペンを折りトイレに流すことも繰り返していました．書くようす
は，自分の好きな文字（ハイマッキー（好きなマーカーの商品名），黒，紫
（ボールペンの色）など）を繰り返し書きます（**図4**）．1枚の紙にそういった
単語を100個以上すごいスピード（2，3分）で書き，すぐ次の紙を持ち，ま
た単語を羅列して書く，これを10枚以上繰り返すのです．この時期のBさんは
書けば書くほどイライラしていくこともわかりました．

　本来書くことは，それで他者に何かを伝えたり，逆に他者にほめられたり話
しかけられる（たとえば「上手上手」）ことでコミュニケーションを生み出し
ます．Bさんも初めて字を書けた当初は，周囲のおとなから「すごいねえ」と
繰り返しほめられ，笑顔になっていました（小学部で出会った教員からの聴き
取り）．その後入所した施設では，書字が好きな活動であるからこそ，自閉ス
ペクトラム症の特性を考慮し好きな活動を邪魔しない（一人でやらせる）よう
にしていました．だからこそ，書字をすればするほどBさんがイライラしてお
り，この活動が現在は彼の好きなものになっていないのでは，という指摘は職
員にとって大きな驚きでした．議論の後，職員からこの活動を以前のように一
緒に楽しめるものに変えたいと提案がありました．具体的には，毎日時間を決
めて（9時半，16時）職員がBさんの居室に行き，書字をしているBさんに対
し書いたものをこちらが読んだりして関わってみることを繰り返すというもの
でした．

4）職員とのコミュニケーションの変化

　当初無反応だったＢさんですが，1か月くらい後から職員が字を読むことに反応を示すようになりました．最初は書いた紙を横にいる職員に見せることから始まり，次第に紙を職員に持ってくる，そし

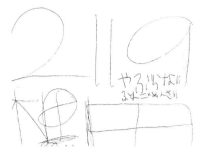

図5　Ｂさんが布団を破った後での書字

て２か月後には，職員が「何を書いたの？」と声をかけると嬉しそうに走って見せに来るようになりました．書いたものを読んでもらうことがＢさんの喜びとなったと考えられました．

　同じ時期，以下のエピソードもみられました．Ｂさんは夜，布団を破ることがありました．そのたび職員は破れた布団を前に，Ｂさんに「布団，破らない」と繰り返し言い聞かせました．そう言った後，Ｂさんは「ふとん　やぶらない」と書字することがありました．ところがこの時期，いつものように布団を破り注意された翌日Ｂさんは「ふとん　ごめんさい」（ごめんなさい，の意味，傍点筆者）と書いたのです（**図5**）．以前までの職員が叱って言った言葉をそのまま書く（やぶりません）のではないことから，職員の意図を感じたうえでそれに対する自分の意図（ごめんなさい）をもち，それを伝えたいがための書字と推測されました．

　このように書字活動を通して職員の意図と自分の意図のつながりをとらえやりとりをするようになってから，“先走り行動”や破壊行動がなくなっていきました．それと同時期，好きで，いつも提示すれば必ず取り組んでいたパズルを職員が持ってきたのに，初めて手でバツをつくり拒否をしました．他者の意図（「パズル，一緒にやろう」）をとらえたうえで，自分の意図を対置する（「やらない」）ことも可能になったと考えられました．

5）1歳半の節におけるユニークな機能連関

　ここで紹介したＢさんは当初，自閉スペクトラム症児者における1歳半の節での以下のような機能連関のユニークさを示していました．それは，定型発達児と異なり，自分と他者の意図のつながり・調整には弱さをもったまま，時

間・空間のつながりのみを形成するというものです（図3）．

　そしてこのユニークな機能連関は自閉スペクトラム症児者の場合，さまざまな問題行動を引き起こす要因となります．Ｂさんの場合は，自己や他者の意図のつながり・調整が弱いため，定型発達児であれば見通しにつながるはずの時間・空間のつながりがパターン化してしまいました．それが，次の予定（たとえば，晩御飯の後の入浴）に早く進まねばならない強迫的なこだわりを形成したのです．書字でも，紙を見ると書かねばならない．1枚書いても次の紙を見つけるとまた書かねばならない．これは紙がある限り書き続けなければならず，課題を"終わることができない"苦しさをＢさんに引き起こしました．だからこそ強制的に終わりをつくるために，破壊行動（ボールペンを折る）をするしかなかったと推察されたのです．

　ユニークな機能連関に問題行動を生じさせる要因をとらえることは，問題行動の消去ではなく，自己や他者の意図のつながり・調整の力を育てることを支援の目標とすることを可能にしました．具体的にはＢさんの好きな活動を一緒に楽しむ，それによって楽しんでくれる相手の意図に気づく力を育てるということです．実際書字を読むことでの支援は，Ｂさんにとって自分の書字を受け止められた体験となり，それが他者の意図の気づきを生み出しました．そしてそのことが職員に読んでほしい自分の意図をつくり，ときには相手の意図を拒否するという調整の姿も見せることになったのです．自己や他者の意図のつながり・調整が可能になると，時間・空間のつながりもパターン化したものではなく他者を含みこんだものに質を変えます．書字については，職員に読んでほしいという要求や，職員に「たくさん書いたねえ」と声をかけられることによっても書字を切り換え"終わる"ことが可能になりました．それが，ボールペンを折る破壊行動を不必要なものにしました．あわせて，自己や他者の意図のつながりをとらえる力は，表情を見て問い合わせをする，定型発達でいえば1歳前後に形成される社会的参照（social referencing）も可能にします．そのため，食事を終えて早く入浴したいと思っても"先走り行動"になるのではなく，それを職員がどう思っているか表情をうかがって調整する「間」がつくれるようになったと考えられました．

　問題行動がなくなった時期の発達診断では，「絵指示」課題では人の問いか

け（ワンワン，どれ？）を聞いてから絵を指さす可逆の指さしが成立し，「はめ板」「家の模倣」もできた後に相手の表情をうかがう行動と「間」ができていました．また嫌な課題に対しては，両手の人差し指でバツをつくり，怒ることなく拒否する姿も見られるようになりました．これはいずれも，自己や他者の意図のつながり・調整を行う力が成立し豊かになっていることを示す反応でした．

このような特異な機能連関の視点で自閉スペクトラム症児者の実践，問題行動を分析したものは，これまでいくつか報告されています（たとえば，赤木，2009；別府，2012；白石，2007，2009）．そこで取り扱われた問題行動は，指示待ち（寡動），激しいこだわり，破壊行動，挑発行為など多様です．しかし，その背景にある1歳半の節に関係した機能連関のユニークさは共通しています．それはBさんの場合と同様，それが問題行動を行わざるをえない必然性を本人の中につくりだすことにつながっています．自閉スペクトラム症の場合，自己と他者の意図のつながり・調整の能力を育むことが，問題行動を行わざるをえない必然性をなくし，結果として問題行動を減少あるいは消失させると考えられるのです．

（4）アタッチメント──発達連関の視点より

定型発達児の場合，1歳半の節における自己と他者の意図のつながり・調整の力は，生後9〜10か月ころの共同注意（おとなが「ワンワン」と言い犬を指さすと子どももそちらを見て一緒に犬に注意を向ける）にみられる三項関係の成立を発達的な前提としています．共同注意は，相手の注意というある対象への志向性をもった心的な状態の理解を必要とします．注意の理解は同じ心的状態である意図の理解へと発達します．そして，この注意を有する他者として相手を理解することは，下記に述べるアタッチメント（attachment）対象が安全基地（secure base）機能をもつようになること（定型発達児の場合，9〜10か月ころに成立）と関係します．このように1歳半の節における自己と他者の意図のつながり・調整の力は，定型発達児が9〜10か月ころに形成する安全基地としての機能をもつアタッチメント対象の形成と関係（発達連関）しているのです．

1）アタッチメント

　アタッチメントとは，特定個体に対する近接・維持（近くにいようとし，それを維持する）行動を行い，その個体と情緒的絆を取り結ぶことを指します．一方，そのアタッチメント行動を行う対象やそこで求める機能は，発達的に変化します．その一つが，9～10か月以後の特定個体を安全基地とするようになることです．それ以前は，たとえば知らない人に出会うと母親などの特定個体にしがみつき人見知りを示します．この場合の母親というアタッチメント対象は，好きな人でありつつも，まだ安全基地としての機能はありません．こういったアタッチメント対象をここでは，「好きな人」とします．これが9～10か月をこえると，母親の膝に座り存在を背中に感じられれば，知らない人という不安な対象にもみずから関わろうとします．これは，母親の存在そのものによって子どもが安心感（felt security）を感じられるようになるから可能になるものです．このように，アタッチメント対象の存在が不安な対象に立ち向かう支えとなることをここでは「支えとなる人」とします．

　安全基地としてのアタッチメント対象の形成は同時に，子どもがそのアタッチメント対象の注意や意図に気づくことを可能にします（別府，2001）．9～10か月ころの子どもが，アタッチメント対象にほめられると喜び，叱られると悲しむのは，そのあらわれです．自閉スペクトラム症においては，安全基地としてのアタッチメント対象の形成，そしてそれと連関して形成される他者の注意や意図の気づきの障害が，1歳半の節での自己と他者の意図のつながり・調整の障害をもたらすと考えられます（別府，2001；白石，2009）．さきほどのBさんにとって書字を一緒に読んでくれた職員は，彼にとってのアタッチメント対象になったのであり，それが機能連関の変化をもたらしました．このように，安全基地としてのアタッチメント対象の形成は，1歳半の節での自己と他者の意図のつながり・調整の力を獲得するうえで大きな意味をもつのです．

2）アタッチメントの形成プロセス

　定型発達児は生後早い時期から半ば生得的に，人の出す社会的刺激（たとえば顔，声，動き）に注意を向ける力をもっています．また自分に注意を向けてくる子を見ると，おとなはその子を可愛いと思い慈しみたい気持ち（ケアギビング caregiving）が刺激されます．その結果，子どもとおとなが相互に相手に

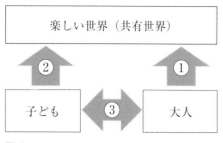

図6
自閉スペクトラム症児者におけるアタッチメント
対象のユニークな形成過程

注意を向け関わる中で，一緒に笑い合う相互主観的（intersubjective）な情動共有経験が可能となります（別府，2016）．こういった情動共有経験を生後早い時期から十分保障された後，9〜10か月ころにアタッチメント対象が安全基地となります．

　一方，自閉スペクトラム症児者の場合，視線を合わせにくいことにみられるように，社会的刺激に注意を向けること自体に障害がみられます．さらに多くの自閉スペクトラム症児者がもつ感覚過敏は，人との関わりを一層困難にします．触覚過敏による触られることのつらさが，抱こうとするおとなに恐怖を感じる原因となったりするからです．ある自閉スペクトラム症者は自らの幼児期を振り返り，「人は恐怖の対象だった」（Bemporad，1979）と述べました．これは関わるおとなにおいては，子どもに対するケアギビングを育ちにくくさせます．自閉スペクトラム症は，この悪循環を前提にアタッチメント対象を形成する必要があるのです．

　しかし，そういった自閉スペクトラム症児者がアタッチメント対象を安全基地として形成する実践的取り組みが数多く生み出されてきています．ここではその一つを取り上げ，支援のあり方についてふれてみます．

3）人が恐怖の対象ではないことに気づく

　定型発達であれば，赤ちゃんに笑いかけたり抱っこをするなど，人が直接はたらきかけることで一緒に笑い合う情動共有経験を比較的容易につくることができます．そしてこれがアタッチメント対象をより強固にします．しかし自閉スペクトラム症の場合，人が恐怖の対象である可能性を出発点とします．その

ため，定型発達の場合と同様に人が直接前面に出てはたらきかけることは，逆に相手に恐怖を抱かせ外界を遮断させることを引き起こしかねません．優れた実践の多くは，人を前面に出すのでなく，自閉スペクトラム症児者自身が快の情動になれる共有世界（たとえば，ブランコの揺れで笑顔になる子にとっての，ブランコの揺れ）を見つけ，それを十二分に量的に保障することを最優先します（**図6の①**）．それを子どもが十分楽しむ（図6の②）と，その世界をもっとやってほしい（たとえば，もっと揺らしてほしい）要求が生まれます．そこで初めてそれをしてくれる人を自ら求める（図6の③）ようになるのです（別府，2012）．定型発達児であれば，まず人を前面に出してはたらきかけ（図6の③）た後で，人が提示する世界（図6の①）に子どもも参画します（図6の②）．人が恐怖の対象ではないことを気づく自閉スペクトラム症独自のプロセスがあり，それを大切にした支援が必要となるのです．

4）支えとなる人の形成プロセス（a）——人の存在に突然気づくことによる混乱

一方，人が恐怖の対象でない「好きな人」となった後，それが「支えとなる人」，すなわち安全基地としての機能をもつようになるプロセスにも自閉スペクトラム症によるユニークさがあります．それを示す一つの例として，小学校・特別支援学級の実践記録（安村，2013）を取り上げます．

小6のコウタ君は，些細なことで手が出たり物を投げたりする，暴力的でトラブルが多い子でした．実際に担任すると，感謝の際には「ありがとう，バタ子さん」と言うなどアンパンマンの世界に浸っているところが可愛いと感じられる子でもありました．コウタ君の楽しめる活動を丁寧に積み重ねる中で，担任が誘うとノリがよく，指示も入るようになります．担任といると楽しい活動ができるという意味で，担任は「好きな人」となったことが推察されました．

ところがこの後，突然担任への暴力が増えたのです．たとえば昼休みに十分CDを聴いた楽しい場面で「コウタ～」と言葉をかけると，CDデッキが担任に飛んできます．好きな人となった後での突然の暴力，しかも自分の膝に座って甘えたかと思うと暴れるという揺れる姿は，担任を激しく混乱させました．そういった中でも，担任は彼の楽しい活動を保障し続けました．一方，彼は当初，楽しい活動はやるがその時間を自分で楽しむだけでした．たとえばアンパ

ンマンの絵は楽しそうに描きますが，自分の描いた絵の上に別の絵を重ねて描き，結局何を描いたかわからなくなってもお構いなしでした．そこでは 1 歳半の節の定型発達児にみられる，自分の絵を嬉しそうに相手に見せたり，描いたものを後で嬉しそうに眺めるなどの行動はありませんでした．

　秋の修学旅行で変化が起こります．楽しそうなのはその場だけだった彼が，修学旅行から帰った後，自分で「スペースワールド（修学旅行で立ち寄った遊園地），アッチ行ク，コッチ行ク！」と繰り返し言い，修学旅行に持参したスケジュールカードを見続けるようになりました．楽しい世界がその場だけでなく，後から振り返ってまで楽しさを感じられるほど深いものになったと考えられました．そのころからしだいに，絵を描く際はどれでもよいのではなく何も書いていない白紙を探し，描いた後自分から担任に「デキマシタ」と言って渡すようになりました．担任と絵を描いた楽しさを共有するようになったのです．その半年後，気分がのらない不快・不安な場面でも，担任の誘いかけで活動（担任が「よ～い，ドン！」と言って誘うとそれに呼応して走るなど）に入ろうとする姿がみられました．担任が不快・不安な場面での「支えとなる人」となったと考えられました．そういう中で，担任に対する暴力はなくなっていきました．

　以上の例は，自閉スペクトラム症のアタッチメント対象形成のプロセスとして，以下のことを推察させます．担任が「好きな人」となった際，自閉スペクトラム症はそこで初めて人というものの存在に気づきます．一方，この突然の気づきはコウタ君に混乱をもたらします．突然の気づきが，担任の一挙一頭足に過剰に注意を向けざるをえなくなるためです．このように他者の存在が意識の中で肥大することによる混乱や不安が，担任への突然の暴力の一因となったのです．

5）支えとなる人の形成プロセス（ｂ）──共有世界の深まり

　実践ではここでも人を前面に出すのではなく，「思いだしたくなるほど楽しい共有世界」を深めることを大切にすることで，他者を安全基地（「支えとなる人」）とする契機をつくりました．このことは実践的に重要な意味をもちます．アタッチメント対象の形成という場合，一般には他者との関係性であるた

め，その二者関係ばかりが取り上げられます．しかし重要なのは，子どもが主体的に他者と関わりたい，そして他者を「支えとなる人」としたいと思うよう子どもの要求を育てるところにあります．そして自閉スペクトラム症児者の場合，それは二者関係でつくられるものではなく，彼・彼女らが受け入れることができ快の情動を感じられる共有世界を質・量ともに保障する取り組みから生まれるのです．支援する側には，その共有世界を丁寧に見つけ，広げ深める方向で生活を組織化し，教材をつくりだすことが求められます．人との関わりという社会性をそれのみで把捉せず，対象世界の認知や関わり方，そこで感じる情動を含めた機能連関の視点でとらえることの有効性はここにもあるのです．

　この１歳半の節における自己と他者の意図のつながり・調整を行う力が，９〜10か月における安全基地としての機能をもつアタッチメント対象の成立と関連する（発達連関）ことは，自閉スペクトラム症も定型発達と同じです．一方，安全基地としてのアタッチメント対象が成立するプロセスと機能連関には，定型発達と異なる自閉スペクトラム症のユニークさが存在します．この安全基地としてのアタッチメント対象が成立する独自のプロセスと機能連関が，１歳半の節での自己と他者の意図のつながり・調整の特異的な弱さにつながる点にも，自閉スペクトラム症の発達連関のユニークさがあると考えられます．

3　自閉スペクトラム症の発達診断の課題

　最後に，今後自閉スペクトラム症の発達診断をすすめるうえでの検討すべき課題を挙げておきます．

（1）ユニークな機能連関，発達連関の解明

　一つは前項２「１歳半の節と自閉スペクトラム症」でふれたユニークな機能連関，発達連関についてです．これについて「発達の階層―段階理論」では，層化現象（長嶋，1984）として検討してきました．そしてこれは本章で述べた１歳半の節においてだけではなく，他の発達の節（たとえば，４歳，９歳など）でも存在する可能性があります．一例としてここでは，４歳の節の時期に定型発達児が獲得する心の理論（theory of mind）を取り上げます．心の理論

を含めた心の理解には，直観的心理化と命題的心理化の2種類があることが明らかにされています．直観的心理化は，理由はわからないが相手がこう思っていると感じとることであり，空気を読むことと共通する部分があるものです．それに対し命題的心理化は，相手の心について「◎◎のとき相手は□□と思う」と命題として理由を述べることも可能なレベルです．定型発達児は直観的心理化については1〜2歳で可能となり，その直観的心理化をもちながら同時に4歳すぎには命題的心理化も獲得します．一方，自閉スペクトラム症児者は，直観的心理化に弱さを抱えたまま命題的心理化のみを形成するというユニークな機能連関を示すことが明らかにされています（別府，2019）．この命題的心理化（たとえば「物を借りるとき『ありがとう』と言うと相手はうれしい」）のみ獲得するというユニークな機能連関は，空気を読む直観的心理化の弱さのため，心の杓子定規的な理解につながりやすいといわれます．これは自閉スペクトラム症児者にしばしばみられる対人関係のトラブル（さきほどの例につなげれば，物を借りた際に「ありがとう」と言わず表情だけで感謝を伝える親友同士を許せず怒り出す）につながります（別府，2019）．自閉スペクトラム症児者の人の気持ちがわからないといわれる言動の背景に，こういった4歳の節における心の理解のユニークな機能連関が存在している可能性があるのです．1歳半以外の発達の節で，対人関係機能とそれ以外のさまざまな機能も含めた機能連関，発達連関の独自性を解明することが求められます．

（2）目の前の子どもの好きな世界を知る

　二つは，ユニークな機能連関を変える支援を考えるうえでの，他者と一緒に笑ったり悲しんだりする情動共有経験の重要性です．自閉スペクトラム症児者は，感覚過敏―鈍磨や，全体よりも細かな部分に注意が集中してしまう（弱い全体性統合 weak central coherence）認知の特徴から，情動共有経験がつくりにくいのです．たとえば定型発達児であれば泣いていても抱っこすると泣き止み笑顔になるのに，触覚過敏の強い自閉スペクトラム症児の場合は，抱く際の触る行為が不快なためさらに激しい泣きを引き起こしたりします．また定型発達児であれば新しい玩具を見せられるとその新奇性で興味を示すのに，自閉スペクトラム症は知らないものには興味を示さなかったり，逆に嫌がったりしま

す．一方，自閉スペクトラム症児者は，定型発達児ならすぐ飽きてしまう変化のないもの（たとえば，クルクル回る快の視覚刺激を出す換気扇）に強くひきつけられたりします．快や不快の情動を引き起こすものがずれるため，周りは楽しいのに自閉スペクトラム症児には楽しくない，あるいはその逆で自閉スペクトラム症児者は楽しいのに定型発達児者には楽しくないといったことが頻繁に起きます．それが一緒に笑いあう情動共有経験をつくりにくくさせているのです．

　しかし，ずれがそれを引き起こすのであれば，定型発達児者が自閉スペクトラム症児者の好きな世界を見つけ寄り添うことで，情動共有経験をつくりだすことは可能になります．発達診断場面も，目の前の自閉スペクトラム症児者に快，不快を引き起こす刺激や活動，状況を丁寧に把握する，一つのとてもよい機会です．たとえば，「はめ板」課題は通常そのまま机上に置いた状態で，円板をはめるよう教示します．一方，それでは課題に取り組もうとしない自閉スペクトラム症児がいます．しかし彼・彼女が一瞬こちらに注意が向いたときにタイミングよくおとなが円板を机上でクルクル回すと，すっと近寄りそれに手を出し，その後，課題に取り組める場合があります．また自閉スペクトラム症児者の中には，「家の模倣」などの課題ができた後，おとなが次の課題へ移ろうとするとそれを拒否し，積木で別のものを延々と作り続けることがあります．その際，その子が作るものを「何かな？」と興味をもって見ながら，何パターンか作るのをおとなが一緒に楽しむ．そしてある程度本人が満足するまでやったところで「次はこれ」とタイミングよく別課題を提示すると，行動を切り換えることができる子がいます．好きな刺激や課題は何か，子どもが切り換えるきっかけが何によって生まれるかを，具体的な課題や場面，プロセスを通して個別に見出すのです．

　最初に述べたDSM-5の診断基準である「行動，興味の限定された反復的な様式」についても近年は，こだわりという側面だけでなくそれを好きな興味・活動（favorite interests and activities）ととらえる研究も出はじめています（Smerbeck, 2019）．知的に遅れのない自閉スペクトラム症児者による当事者研究（たとえば，綾屋・熊谷，2010；綿貫，2019），家族からの聴き取りなどを参考に，目の前の子どもと関わりながらその姿を丁寧に見つめることが重要

です．子どもの声なき声を聴く（茂木，2004）姿勢が，発達診断においても強く求められるのです．

文　　献

赤木和重（2009）自閉症の発達的理解と発達診断．白石正久・白石恵理子編，教育と保育のための発達診断，全障研出版部，pp.83−97.

American Psychiatric Association（ed）（2013）Diagnostic and Statistical Manual of Mental Disorders, Fifth Edition. American Psychiatric Publishing（高橋三郎・大野裕（監訳）（2014）DSM-5精神疾患の診断・統計マニュアル．医学書院）

綾屋紗月・熊谷晋一郎（2010）つながりの作法 同じでもなく 違うでもなく．NHK出版．

Bemporad, J.R.（1979）Adult recollections of a formerly autistic child. Journal of Autism and Developmental Disorders, 9, 179−197.

別府哲（2001）自閉症幼児の他者理解．ナカニシヤ出版．

別府哲（2012）自閉症児の「問題行動」と内面理解．奥住秀之・白石正久編著，自閉症の理解と発達保障，全障研出版部，pp.70−94.

別府哲（2016）心の理論の非定型発達．子安増生・郷式徹（編），心の理論——第2世代の研究へ，新曜社，pp.157−172.

別府哲（2019）自閉スペクトラム症児者の心の理解．全障研出版部

別府哲・別府悦子（2014）重度知的障害のある自閉症の行動障害に対する発達臨床コンサルテーションの効果——入所施設職員へのコンサルテーション支援を中心に．臨床発達心理実践研究，9，pp.113−119.

Happé, F. P. E.（1994）Wechsler IQ profile and theory of mind in autism: A research note. Journal of Child Psychology and Psychiatry, 35, pp.1461−1471.

加藤義信（2015）アンリ・ワロン その生涯と発達思想．福村出版．

木下孝司（2011）障害児の指導を発達論から問い直す——要素主義的行動変容型指導を越えて．障害者問題研究，39（2），pp.18−25.

茂木俊彦（2004）発達保障を学ぶ．全障研出版部

白石正久（2007）自閉症児の世界をひろげる発達的理解．かもがわ出版．

白石正久（2009）発達障害と発達診断．白石正久・白石恵理子編，教育と保育のための発達診断，全障研出版部，pp.242−268.

Smerback, A.（2019）The survey of favorite interests and activities: assessing and understanding restricted interests in children with autism spectrum disorder. Autism, 23, 247-259.

田中昌人（1987）人間発達の理論．青木書店．

安村由紀子（2013）自閉症のみんなと私．第13回全国障害児学級・学校学習交流会（山口）発表レポート．

綿貫愛子（2019）当事者の立場から．川上ちひろ・木谷秀勝編著，発達障害のある女の子・女性の支援，金子書房，pp.109−116.

2章　重症児と発達診断

白石正久

はじめに──重症児とは

　「重症児」は，「重症心身障害児」の略されたものであり，児童福祉法第7条
2の「障害児入所支援」の対象として，「重度の知的障害及び重度の肢体不自
由が重複している児童（以下「重症心身障害児」という.）」と定義されていま
す．類似の概念に「重度・重複障害児」があります．「重複障害児」とは，学
校教育法施行令第22条3において規定される「特別支援学校の対象とする障害
の程度」を複数併せ有する子どものことであり，「重度」とは，知的障害，「問
題行動」が著しく，「常時の介護」を必要とする子どものことを言います．「重
症心身障害児」「重度・重複障害児」は，ほぼ同義なものとして明確に区別さ
れることなく用いられてきた経過もあり，教師も「重症児」を用いることが一
般的であったりします．そこで本章でも「重症児」を用いることにします．ま
た，重度の知的障害があり，行動の障害をともなう子どもの発達診断は，「Ⅳ
　1章　自閉スペクトラム症と発達診断」で論じられますので，ここでは重度
の肢体不自由（肢体障害）と知的障害のある子どものことを考えます．

1　重症児と発達診断

　筆者は，かつて小児科病院で心理学的に診断・評価する臨床に携わり，重症
児と関わってきました．臨床の中での重症児は，感覚や運動の障害そして発達
の障害の重さゆえに，はたらきかけても応答が捉えにくく，発達診断のための
情報入手が容易ではない子どもです．その困難さをさらに整理するならば，以

下のようになります．

・筋緊張の異常，マヒ，変形・拘縮などによる運動障害のために，言語，躯
幹・四肢・指の運動や表情などによって心理を表現することがむずかしい．
・感覚や知覚に障害があるために，外界の事物・事象のありようやその意味
を認識することが制限されている．
・手指操作や活動による構成・表現はさらにむずかしく，そのために外界を
どう認識し，自分の表象を表現しようとしているのかを私たちが捉えられ
ない．
・運動障害によるからだの痛み，呼吸や摂食の困難，てんかん発作や治療の
副作用などによる体調の不安定，不快，不機嫌，覚醒水準の低下があり，
それが感情の表出や分化を制限したり覆い隠してしまう．

この「むずかしさ」は彼らの障害に起因するとともに，彼らの表出の意味を
捉えることが容易ではないという私たちの課題でもあります．そのために多く
の重症児は，「たぶん」という言外の前置きのもとで「乳児期の発達段階」，あ
るいは「評価困難」とされることでしょう．

さらに重症児は，疾患や障害の重さゆえに外界や他者との交流が物理的に制
限されているために，発達のための源泉を取り込んでいく経験が狭くなります．
保育や教育は，一人ひとりの重症児のそういった環境や生活史を視野に入れて，
教材と活動を通じて子どもの経験世界を豊かにしようと努めていることでしょ
う．発達診断においても，一人ひとりの発達の外的条件に留意しつつ，そのも
とで発達という内的条件を認識していくことが求められます．

以下では，まず知的障害が重く「乳児期の発達段階」にある重症児の発達に
ついて，「重症」とされる障害が発達の連関をどのように制限するか，また，
そういった制限を被りつつも発達の原動力はどのように発生するか，そのとき
に教育的はたらきかけはどのような役割を果たすかを，発達診断の視点から考
察します．

さらに，感覚や運動の障害などは「重症」ですが，精神発達は「乳児期の発
達段階」ではなく，言語を理解して概念を形成し，要求をもって他者と関わろ
うとする子どもがいることを，「みかけの重度」問題として報告します．

2 乳児期前半の発達段階にある重症児の発達診断

　白石（1994，2016）は，痙直性四肢マヒなどの重度の脳性マヒがあり，乳児期に点頭てんかんを発症した重症児に対する発達診断を継続して行い，その発達過程から，機能の障害による制限のもとでの発達の変化と，そのときの発達の連関の特徴を検討しました．

　乳児期前半の発達段階（生後6，7か月ごろまで）である回転可逆操作の階層には，回転軸1可逆操作期（1か月ごろ），回転軸2可逆操作期（3か月ごろ），回転軸3可逆操作期（5か月ごろ）という3つの段階があります．また，その3つの段階間の移行期，とくに回転軸1可逆操作期から回転軸2可逆操作期への回転軸2形成期（2か月ごろ）は活動の復元性，そして回転軸2可逆操作期から回転軸3可逆操作期への回転軸3形成期（4か月ごろ）は「生後第1の新しい発達の力」が誕生する画期です．それらの特徴については，「Ⅲ　1章　乳児期の発達段階と発達保障」で述べましたので，以下に読み進む前に参照してください．

（1）感覚と運動を協応させて外界を志向する発達の連関過程

　まず，回転軸2形成期から回転軸2可逆操作期への移行過程に焦点をあてて，1）注視と追視の応答，2）視覚と聴覚の協応，3）視覚と手指操作（目と手）の協応の側面から重症児の発達診断について検討します．

1）注視と追視の応答

　直径が約8cmの赤い輪を，仰臥位になった子どもの正中線（からだの中央を縦に貫く線）の胸上30cmの位置に提示し，子どもが見つけてから左右方向に約50cm，そして頭足方向に約50cm，ゆっくり動かして，「行って―戻る」可逆（往復）追視ができるかを確かめます（**写真1**）．

　重症児，とくに難治性てんかんのある子どもの場合，動く対象を追視することよりも，胸上で静止した対象を注視しつづけることがむずかしいようです．追視も途切れやすく，その傾向は左右のどちらか，あるいは頭足のどちらかに優位に現れます．

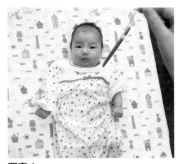

写真1
仰臥位での左右，頭足方向への往復追視
（障害のない生後2か月児）

写真2
耳元での鐘の音への応答（鐘鳴反応）
（障害のない生後2か月児）

　このような注視・追視のむずかしさや非対称が，感覚や運動の障害による制限の現れなのか，発達段階の特徴なのかは判然としません．障害のない2か月ごろの子どもにも注視・追視の不安定さはあり，左右と頭足の両方向に可逆（往復）追視ができるようになるのは，回転軸2可逆操作期になってからです．

　赤い輪から視線が途切れても，その位置でしばらく提示しつづければ，途切れた位置に戻って追視が「つながる」ことがあります．また追視が非対称であっても，繰り返して実施した場合，1度目よりも2度目，2度目よりも3度目の方がたしかな応答があり，かつ正中線を越えて反対側に追視できるようになっていくことがあります．つまり，途切れても戻り，だんだん力強くなるなどの手ごたえを感じます．発達の力がプラス方向でのフィードバックをしながらたしかになっていくようにみえます．

2）視覚と聴覚の協応

　「つながる」力は，視覚と聴覚の協応においても現れます．

　まず，耳元の音源を見つけようとするかを左右差に注意して確認します．子どもの正面から視線をあわせて向きあい，ゆっくりと耳元で鐘などの子どもの好む音を鳴らしてみます（**写真2**）．音源の方向に向けて，それを見つけようとする眼球の動きがあるかを十分な時間をかけてみます．回転軸2形成期では，しばらく聴き入ったあとで，音源の方向に向かう眼球や頸の動きが現れはじめます．

　重症児は，音源への視覚による探索を起こしにくい傾向があります．それでも音に聴き入っているような表情の変化があれば，子どもの視野の中心にゆっ

写真3
胸上でのガラガラの提示への応答
（障害のない生後2か月児）

くりと音源を移動させ，「見つけた」という眼球の動きや表情の変化があるかを確認します．このような聴覚から視覚への「つながり」の萌芽のある子どもに対し，いきなり音を鳴らしたり声をかけるはたらきかけをすると，モロー反射を誘発したり，音や声に対して反射的に笑顔で応えるような聴覚優位の反応が固定化することがあります．

対象を持続的に見つけようとする活動には運動が必要であり，その運動には外界に対する興味や意欲の高まりが内在しています．そのようすを，視覚と聴覚の協応によってたしかめることが，ここでの発達診断の視点になります．

3）視覚と手指操作（目と手）の協応

追視課題と同様に，仰臥位の子どもの正中線の胸上約30cmに，赤などの明るい色で，音のするガラガラなどを提示してみます（**写真3**）．はじめは無音で提示し，しだいに鳴らしながら，ここでは手指の活動が生起するようすを見ます．回転軸2形成期では，まだ対象に手を伸ばそうとするような随意的な活動は見られませんが，手や足がしだいに動き出し，対象を注視しつづけるようになります．ここでも，視線が離れつつ再びガラガラに戻ったり，手足の動きが力強さを増していくようすを確認できるでしょう．さらにゆっくりと時間をかけて向きあっていると，拇指が手掌から離れるなどの随意的な動きが見られます．

痙直性などの脳性マヒのある場合には，手掌把握反射によって拇指が固く閉じられたままになっていることがあります．指を開いて対象を握らせる他動的なはたらきかけをすると，まるで「手が逃げる」ように手を引いてしまうことがあります．子どもの能動性をたしかめにくいために，他動的に握らせるなど一方的なはたらきかけになりがちで，結果として手掌の過敏性や不快感を強めているようにみえます．また，一方の手に対象を保持しているときに他方の手に握らせようとすると，不機嫌な表情になることもあります．回転軸2形成期は，障害のない子どもにおいても，この2つ目の対象が手掌に触れることを嫌

うことがあります．手掌の感覚が左右の手において分化し，手掌把握反射が減
衰して，それぞれの手に保持していくことが可能になりかけたときであり，性
急に両手同時にはたらきかけられることは，まだ受けとめにくいのだと推察さ
れます．この移行期ゆえの矛盾を乗り越えていくと，手と手を触れあわせて遊
べるようになり，両手同時に保持して喜々として動かすようになっていきます．

　回転軸2形成期から回転軸2可逆操作期への移行過程においては，①注視と
追視の応答，②視覚と聴覚の協応，③視覚と手指操作（目と手）の協応を含む
子どもの能動的な活動において，移行過程らしい「途切れやすさ」を常にもち
つつ，「途切れても戻る」「途切れてもつながる」という復元性が確認できるで
しょう．この復元性をたしかにしていくときには，子どもの能動的な活動の発
揮を妨げない，余裕をもったはたらきかけが求められます．この復元性は回転
軸2可逆操作の獲得に向かう基盤をつくるとともに，さらに乳児期後半の連結
可逆操作の階層への飛躍のための「生後第1の新しい発達の力」の誕生へと連
関するものであることを次節で検討します．

（2）「生後第1の新しい発達の力」の誕生と発達の連関過程

　回転軸2可逆操作期から回転軸3可逆操作期への移行過程において，非対称
姿勢を乗り越えることがどんな発達的変化とつながっているか，その発達の連
関の特徴を検討します．

　白石（1994, 2016）は，点頭てんかんへの ACTH（副腎皮質刺激ホルモン）
療法で入院中の子どもの発達経過を検討しました．ほとんどは乳幼児期，なか
でも点頭てんかんの発症が多い乳児期の子どもであり，治療期間は2～3か月
にわたりました．

　観察初期の ACTH 療法開始時の基本姿勢は仰臥位ですが，非対称性緊張性
頸反射，マヒによる筋緊張の非対称などに影響された非対称姿勢をとる子ども
がほとんどでした．

　ACTH 療法の終了時に対称姿勢を獲得し，正中線を越えて反対側へ向けて
追視したり，正中線を越えて母親の声に顔を向けようとする意欲を示した子ど
もには，①音源を目で積極的に探索する聴覚と視覚の協応，②胸前のガラガラ
に手を伸ばそうとする視覚と手指操作（目と手）の協応などの発達が顕著に伴

うようになりました．さらに，③正面に鏡を提示すると自分の像に自ら微笑みかけたり，検査者からの「いないいないばぁ」に笑顔で応える，人を人として関わるような応答がたしかになりました．

ところが，ACTH療法開始時にすでに対称姿勢をとれていた子どもの中に，上記の①②③のような発達的変化がみられにくい事例がありました．

点頭てんかんを発症すると，ヒプスアリスミアというてんかん性異常脳波や点頭発作が続くシリーズ形成にともなって，不機嫌さが顕著になります．そのためか，快と不快を分化させ，快を志向する情動の高まりが制限されてしまいます．このような状態にあっても，ACTH療法が著効を示して，しだいに不快から解放されていくと，大好きな人の声をとらえて，頸，躯幹，四肢の運動によってそれを探索しようとする能動性がみられ始めます．それが，感覚や運動の協応によって対象をたしかに捉えようとする情動の高まりになるようです．

一方，治療前から形態的な対称姿勢を獲得していながら，発達の変化が不確実な事例には，急性脳症などによる中途退行があります．対称姿勢が「形」として残っていますが，聴覚と視覚を協応させたり，目と手を協応させるような外界への能動性が高まりにくい傾向があります．しかしそうではあっても，心地よい姿勢で抱きとめられたり，その人の声に心地よさを感じるはたらきかけによって，「形」のなかに「動き」が生まれ，外界に向かう構えと能動性がしだいにたしかになっていくことも治療の進行とともに確認できました．

正中線を乗り越えて対称姿勢の獲得へと進むことは，一方だけではなく「もう一方」の世界に向けて心の窓を開いていく，外界への能動性の高まりを示すものです．これらは「可逆操作の高次化による階層—段階理論」によるならば，回転軸2形成期から回転軸2可逆操作期にいたる経過のなかで獲得されていく諸力であり，そのいっそうの充実が，回転軸3形成期の「生後第1の新しい発達の力」の誕生へと連関していくとみられます．この力は，あやしかけに応えるような微笑から，主客の関係を転倒させて他者に自ら微笑みかけようとするような「人しり初めしほほえみ」へと発達していく姿になって表れます．喃語などの発声がコミュニケーション手段として意味をもつようになる乳児期後半の連結可逆操作の階層への飛躍の力となるものです．

3　重度の機能障害の背後に言語認識をもつ重症児

（1）「みかけの重度」問題

　発達検査と発達診断は，多くの場合，目に見える現象的事実の把握によって成り立っています．乳児期，幼児期の子どもに対しては，たとえば視線や指さしや言語による応答，モデルに応じての構成・表現などを観察し評価することになります．しかし，このような運動や手指操作を必要とする活動において，マヒや企図した通りに運動することがむずかしい失行があると，子どもは問われていることをわかっていても，運動によって表現することができません．私はそういった事例に出会い，発達相談員としての反省を込めて「みかけの重度」問題として報告してきました．まず，きっかけになった事例を紹介します．

事例1　難治性てんかんがあり，気管切開をした呼吸障害のある女児でした．5歳の家庭訪問のとき，姉が学校から持ち帰った給食の海苔が家族の話題になるやいなや，上肢を急に動かしはじめ，姉の座る方に視線を向けようとするのでした．話題の「モノ」を見たかったのでしょう．その急な変化に，家族も私たちも驚きました．彼女はいつも，追視などの発達検査で提示された胸上の赤い輪を見ると，ほどなく目を閉じて寝入ってしまいました．仕方なく母親との懇談を始めると，やおら目を開くのでした．この寝入りの意味を，私はそのころ，理解することができませんでした．就学後，彼女に円形脱毛があるのを発見しました．心因性の円形脱毛症は，3歳前後の2次元形成期の葛藤の強まる時期から発症しやすいものなので，回転軸2形成期と発達診断していたこととの整合が問われました．実は後述する「大小比較」課題を問うたところ，視線で大小の弁別を確実に行うことができたのです．

事例2　乳児期に点頭てんかんを発症した痙直性四肢マヒの男児でした．特別支援学校中学部1年のときに肺炎による入退院を繰り返した後，母親が朝の登校準備に入ると辛そうな表情になって涙を流すようになりました．発達相談で私が，「学校へ行くのが嫌なのか」と問うとはっきりと視線をあわせ，「訓練が嫌なのか」「友だちがいないのか」では視線をそらし，「給食が嫌なのか」では再び視線をあわせようとしました．「先生が嫌なのか」と尋ねると，視線をあ

わせてからそらすようなあいまいな反応をしたのでさらに問えば，ある教員に食べさせてもらうのが嫌だというのがわかりました．肺炎による入院とむせやすい給食介助の因果関係の重大事を訴えているようでした．視線を「あわす―そらす」で「イエス―ノー」を表現するだけではなく，「あわせてからそらす」ことを繰り返すことで，イエスでもノーでもない別のことを表現しているように見えました．このとき，だんだん大きくなる5つの円が描かれたカードを提示して，「中くらいのマルはどれですか」と尋ねたところ，すべての円を見回して，正答である「中くらい」に視線をとめたのでした．

　これらの事例は，感覚や運動の機能の状態からみて，非対称姿勢から対称姿勢に向かう生後2，3か月ごろの発達段階であると診断していた子どもでした．彼らが見せた事実は，従来の発達診断の方法に疑念を呈すものでした．これを契機にして私たちは，乳児期前半の回転可逆操作の階層にあるとしていた子どもたちの発達診断を再考することになりました．

1）1歳半の発達の質的転換を達成しようとする事例群

　視線で弁別と応答が可能な子どもには，具体物やカードを呈示して「○○はどれ」と問い，認識発達のレベルを把握しようとしました．重症児であっても，言語によって伝えられた他者の意図（要求）を受けとめ，「…デハナイ…ダ」という1次元可逆操作によって弁別・選択し，自らの意図によって応え返すことがあります．

　視覚の制約によってカードを弁別・選択することが困難な事例も少なくありません．そんなときは，「お母さんはどこにいる」「足を伸ばしてごらん」「もう一つの耳はどれ」などと尋ねてみます．ゆったりと待てば，問われた方向に顔を向けたり，その身体部位を動かすことで応答してくれます．とくに「もう一つの耳」などを問うと，最初に応えたのと反対側の耳を示すべく，頸を回そうとする事例もあります．身体部位を弁別し，さらに「もう一つ」の意味を理解できるようになるのは，通常，1歳半の発達の質的転換を達成した後の特徴です．

　この発達段階にいる重症児は，日常生活において，口を開いて「もっと食べたい」，親の目をじっと見て「もっとしてほしい」などと要求を表現したり，関わってやらないと不機嫌になったり，嫌なことへは目をそらすなどの表現が

写真4
「大小比較」への応答.
「どちらが大きいですか」に，視線で確かな応答
をしてくれた（20歳の青年）

写真5
系列円への応答
5つ連なる「だんだん大きくなるマル」を提示
し，「一番大きいマル」「一番小さいマル」「中く
らいのマル」を尋ねると，真剣な表情で応答を
してくれた

見られます．「待っててね」で少し待てるようになったと親が気づくこともあ
ります．つまり，可能な限りの機能・能力をはたらかせて「要求」を伝達しよ
うとするのです．その要求は眼前にないことについてであり，見えないものへ
の表象と期待がはたらいています．その要求や期待が実現しなかったときに，
さまざまな方法で悔しさを伝え，「抵抗」や「反抗」をします．つまり，そこ
には他者にも意図と要求があることを認識したうえで自分の要求を伝え，「自
他」関係を調整する自我機能が芽生えています．1歳半の発達の質的転換期に
相応した心理が，そこにはあります．

2）対比的認識を獲得しつつある事例群

「大小比較」の刺激図版（**写真4**），つまり「大」と「小」の「○」が描かれ
た2枚のカードを提示して，「どちらのマルが大きいですか」と尋ねます．見
まわして「大」に視線を置いて応答してくれる事例もあります．視覚による弁
別・選択が困難な子どもには，「口をもっと大きく開けて」などと対比の認識
を問う語りかけをします．「笑った顔をしてごらん」「怒った顔をしてごらん」
などと表情をつくることを求めると，それらしく応答することもあります．

VTRで検討すると，この段階の子どもは，口や目の開閉，手指の小さな指
示的運動など，視線ばかりではない応答を工夫し始めているように見えました．
しかし，問いを繰り返されたり，「本当にそうか」などと意地悪な問いをされ
ると動揺したり，眠り込む事例が目立ちます．問うことをやめると急に眼を開

くので，眠った「ふり」をしたのではないかと思われるほどです．

この動揺や回避の背景には，どんな心理があるのでしょうか．たんに対比的認識を獲得しつつあるにとどまらず，その認識を獲得していく過程で，「できる─できない」「じょうず─へた」などという尺度で自分のことを対象化しているゆえの心理的動揺が表れていると見られます．これらを，2歳後半から4歳前半の2次元形成期から2次元可逆操作期の対比的認識を獲得しつつあるグループとみました．

3）系列的認識を獲得しつつある事例群

5つの系列円を書いた刺激図版（**写真5**）を提示し，「一番大きい丸はどれ」「一番小さい丸はどれ」「中くらいの丸はどれ」と尋ねます．ゆっくりと見まわしてから視線で正答を示した事例があります．この子どもたちには，視線以外の口，目，手指などの運動を粘り強く行って，なんとか思いを表現しようとする姿が見られます．「大」でもなく「小」でもない中間項の存在を認識し，ものごとを「だんだん変化していく」系列的な道すじにおいて認識できるようになるのは5歳後半からの3次元形成期です．

（2）「みかけの重度」問題に対する発達診断と教育指導

重症児があたかも言葉がわかっているように応答することを見出した実践家は多いでしょう．それはわかっているわけではないが，「感じる」ことによって応答しているのだと説明されることもあります．私もこの実感を共有するものですが，それは「感じる」にとどまらず，子どもが発達的根拠をもって努力し，自分の可能性を訴えているように見えるのです．感じるだけならば，応答にいたる「反応潜時」というべき時間は必要ないでしょうが，時間をかけて思考し，応えるための運動を企図し，それを実行しようとしているようでした．

彼らは，外界に対しては，静的に，あるいは受動的に対峙しているように見えますが，精神は外界に対して能動的にはたらきかけ，多くのことを学習・創造しながら，認識と内面を豊かにしているのではないでしょうか．同時に彼らの能動性は，外界のみならず自分をも対象として，自分の障害をはじめとする「問題」と向きあっています．ここで検討した子どもたちは，自らの重い障害，その具体的な様態の一つひとつや機能の協応の制限を自らの属性として引き受

け，何とかしようとしているようでした．そうやって向きあおうとしていることそのものが彼らの能動性なのであり，それゆえに彼らの中には，発達要求という自己変革の推進力が生まれているのです．

　たとえば，言語によって弁別し行動を切りかえることの可能な1歳半の発達の質的転換期にあるならば，子どもは一つひとつの運動や「入れる・渡す・のせる」などの定位的活動を受容・激励されることによって，「もっと」がんばって活動するようになります．そして，一つだけではない「もう一つ」の対象をも認識し，「もっと」要求を伝達するようになります．重い障害はあっても，この発達段階にあるならば，自分の力でできることを探し求めている子どもなのであり，その発達要求に応える生活と教育を工夫したいと思います．

　「大きい―小さい」などの対比的認識が獲得されつつある子どもは，その認識と意思によって自分の「できること」と「できないこと」を峻別するようになります．この「二分的評価」の表れは，むずかしい問いにはあたかも眠り込むように応答する姿であったりします．しかし，子どもは諦めるのではなく，口や目の開閉，手指の小さな指示的運動などの自らの可能性を探し，応答を工夫し始めているように見えました．おとなは，子どもの一つだけではない多様な可能性を，ともに探そうとする存在でありたいと思います．またこの子どもたちは，対比的認識によって，既知ではない未知の時空間があることを認識し，その世界への不安を強めます．だから，学校行事などが迫ると，不眠，食欲不振，過緊張になることもあります．重症児が円形脱毛症を発症するのも，この対比的認識の可能な子どもであることが多いようです．その不安を理解し，それを軽減するようなていねいな子どもへの説明や環境整備が求められます．そしてそれ以上に，子どもが不安を凌駕する期待感をもって行事を待てるような生活づくりが大切です．

　系列的認識が獲得されつつある子どもは，自らの変化をも「だんだん大きくなってきた」などと系列的に認識できるようになります．その変化が，むせやすさ，呼吸の困難，変形の進行などの否定的な変化であったりすると，その原因や変化の行方について不安をもちます．また，子どもの健康状態へのおとなの不安を子どもの耳元で不用意に語りあうこともないとはいえません．自分の身体状況を客観的に捉えられるようになっているのであり，その事実を共有し

つつ，肯定的な変化を認識できるように援助することが求められます．

（3）「活動の主体になる」とは

　彼らはその認識発達のレベルに応じて自分を認識し，そこにある障害などの問題と向きあっているのですが，彼ら自身が必ずしも意識していない問題もあります．それは，とくに対比的認識が可能になる発達段階での，「本当にそうか」などと再問されることに対する動揺，つまり「決め切る」ことの弱さです．障害がなければ，1歳半ごろになると，散らかす一方だった子どもが，「入れる・渡す・のせる」などの定位的活動を獲得し，「お片づけありがとう」などと意味づけられながら，「もっと」がんばって活動するようになります．この受容・激励や意味づけ，そして「もっと」の蓄積は，手伝われるのを嫌い，「つもり」をもって生活しようとする活動の主体たる自我の誕生に寄与していきます．重症児はその運動障害によって制限されて，活動の主体として目的や目標を自分で選択すること，活動の結果を自分に属するものとして認識することが，願いはあれど実現していないのです．

　では，「活動の主体になる」とはどういうことでしょう．特別支援学校の教師である古澤（2014）は，授業で「カレーライスづくり」に挑戦するとき，介助の仕方や補助具を工夫して「自分で切った」という実感を大切にしたいと考えました．しかしクラスでただ一人「あゆみさん」は，そうやってできあがったカレーライスを，口をかたく結んで食べてくれません．自分で作ったのではないというはっきりとした主張が感じられました．そこで先生は「自分で切った」という実感よりも，「どうしたいか」「どう切りたいか」という思いを大切にしてみようと思い立ち，「イチョウ型に切るか」「厚く切るか」などと尋ねながら，彼女が決めたように一緒に包丁を動かして1本のニンジンを切り上げました．「あゆみさん」は満ち足りた顔で，その日のカレーライスを食べたのです．そこには自分の思いとイメージがこもっているのであり，「活動の結果を自分に属するものとして認識する」とはそういうことなのだと，子どもが教えてくれているようでした．「活動の主体になる」とは，それぞれの発達段階において子どもがもっている「こうありたい」「こうしたい」という要求を実現することにほかならないのです．発達診断や発達理解は，その要求を探求する

ための取り組みでもあります.

4　重症児の発達診断の方法を構築していくために

　重症児に対する保育や教育において，感覚や運動の状態やその障害を的確に捉える必要があることは言うまでもありません. しかし，その機能の状態に視野を限定してしまうことは適切ではありません. なぜならば，障害によって制限された機能の状態を子ども自身が認識しているのであり，そこには外界に対峙し，さらに自分をも対象化する主体としての意識が存在しているからです. この主体の心理とその発達を捉えていくことが，発達診断の中心的な目的です.
　この目的意識をもって重症児の発達診断の方法を構築していくためには，いくつかの課題があります.
　第一に，私たちは，家族や保育者・教師・指導員などから語られる子どもの姿，生活の事実を，発達診断の情報収集において過小評価する一方で，発達検査での子どもの反応，応答とその評価に依存しすぎています. たとえば生活の中での事実と発達診断の「ずれ」が認識されたときには，その「ずれ」を重要情報として分け入って考えることが必要です. このような「ずれ」は，発達診断に関わる複数者の間にも生じます. 異なった見解がそれぞれ尊重され，実践の過程のなかで検証されていくような職員集団のあり方と内部規律が求められます.
　第二に，既製の発達検査は，定められた手技と制限時間，評価基準という枠の中での情報入手なので，それを適用しようとすると重症児の発達診断には活用できません. 既製の発達検査を用いる場合には，課題への応答の特徴だけではなく，そこでの子どもの活動の全体から発達の本質を読み取る検査者の発達認識が問われることになります. さらに既製の発達検査が保育や教育の実践にとって有効な発達診断のために役立つには，子どもの実態に応じて柔軟かつ創意をもって実施される必要があります. 検査道具や課題が，子どもの視覚，聴覚，躯幹や四肢，手指の運動機能の状態，そして快・不快や興味の対象などに留意して工夫されることもあってよいでしょう.
　第三に，発達検査の場面は，多くの場合，子どもが自分と向きあい，新しい

自分を発見し，それを調節したり変革していく契機となります．そのことの大切さに思いをめぐらして，子どもへの誠実さをもって検査者は対応したいと思います．そして，子どもの小さな能動性の発露も見落とさずに，一つひとつに共感し，励まし，課題の達成に共に向かう，子どもと同じ視野に立つ姿勢を大切にしたいものです．このような検査者による意味づけや価値づけは，子どもの正答への条件づけとなるものであり，発達検査では排除されるべきものとされています．しかし，子どもがこういった支えによって課題の達成に向かうことができるならば，すでに課題を達成するための発達の準備はできていることになるでしょう．それは，そうした意味づけや価値づけを受けとめる教育的関係を成立させる力があるとみることもできるでしょう．その状態を認識できることは，保育や教育にとってとても意味のあることなのです．

おわりに

　私があえて「みかけの重度」問題と称して，重症児の発達診断の方法について提起したときの支えになったのは，水俣病の人たちの救済運動の支援者の言葉でした．

　石牟礼道子は，人間精神への透徹したまなざしによって，『苦海浄土』（2011）で胎児性水俣病の子どもの中でも最重度とされていた「中村千鶴」さんを次のように表現しました．

　「炎のような怜悧さに生まれつきながら，水俣病によって，人間の属性を，言葉を発する機能も身動きする機能も，全部溶かし去られ，怜悧さの精となり，さえざえと生き残ったかとさえ思われるほど，この少女のうつくしさ」．そして「手足や身体のいちじるしい変形に反比例して，なにゆえこの子たちの表情が，全人間的な訴えを持ち，その表情のまま，人のこころの中に極限のやわらかさで，移り入ってしまうのだろうか」と．

　「怜悧」とは「かしこい」ことを言いますが，「怜」には心が澄んでいて，それゆえに他者を「いつくしむ」という意味が込められています．つまり，胎児性水俣病によって身体機能の多くを奪い去られ，耐え難いはずの痛みのなかで生きる少女ですが，そうであっても，あるいはそうであるからこそ，ただ人に

対して澄みわたった心といつくしみをもって，あなたとともにもっと生きたいと語りかけてくるのだと思います．人びとも，彼女を深くいつくしみました。

また，医師として水俣病患者とその家族を支えた原田正純（2009）は，千鶴さんが自分（原田）の写真をほしがっていると同じ施設で暮らす清子さんから聞いて，本人に尋ねました．

「千鶴さんははにかむように笑いながら，うなずくように全身で表現するではありませんか．医師としての経験がまだ未熟だったとはいえ，この子たちにそのような感情の動きと表現力があるとは考えていませんでした．無知な自分を恥ずかしく思いましたし，そのような教育を受けなかった（当時の）医学教育とは何であったかと思いました．それにしても，わたしには『あーあー』としか聞き取れない千鶴さんの言葉が，同じ障害をもつ清子さんにどうしてわかるのでしょうか」．

大学で教員養成に携わる私は，重症児と言われる子どもたちの精神のありようを学生たちにいかに伝えていくかを試行錯誤しつつ講義を重ねてきました．障害の重さゆえに，その精神や発達の事実に至ることは容易ではありません．しかし保育者や教師は，小さな表現を大切にして拾い上げ，それを同僚と共感する日常の中で，きわめて人間的な精神がそこに込められていることを感じ取れるようになっていくのです．ほかならぬこの子どもたちによって私たちも養成されてきたのであり，そして今も教えられつつあります．いかなる障害であろうと，その生きる姿に対して常に謙虚で，そして保育者や教師としての自分のまなざしを顧みることを厭わない姿勢をもって向きあうことを，学生たちには伝えていきたいと思っていました．

文　　献

古澤直子（2014）主体性を育む学習活動．猪狩恵美子・河合隆平・櫻井宏明編，テキスト肢体不自由教育——子ども理解と教育実践．全障研出版部，pp.135–144.

原田正純（2009）宝子たち——胎児性水俣病に学んだ50年．弦書房．

石牟礼道子（2011）苦海浄土．池澤夏樹個人編集 世界文学全集Ⅲ−04，河出書房新社．

白石正久（1994）発達障害論 第1巻 研究序説．かもがわ出版．

白石正久（2013）重症児の発達診断についての実践的研究．障害者問題研究，41(3)，

pp.34–41.

白石正久（2016）障害の重い子どもの発達診断——基礎と応用. クリエイツかもがわ.

田中昌人・田中杉恵・（写真）有田知行（1981–88）子どもの発達と診断 全5巻. 大月書店.

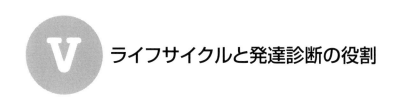

V ライフサイクルと発達診断の役割

1章　早期発見・早期対応と発達診断

小原佳代・西原睦子・高田智行・高橋真保子

1　乳幼児健診と子育て支援・療育──滋賀県大津市を中心に

（1）乳幼児健診と発達相談

　乳幼児健康診査（以下，乳幼児健診）は，障害の早期発見と対応という点から大きな役割を果たしてきただけではなく，子どもたちが育つ社会状況や家庭環境が時代とともに変化するなかで，子育て支援の窓口となってきました．本節では，乳幼児健診の意味，役割について発達の視点から考えます．

1）乳幼児健診の歴史と課題

　乳幼児健診は，母子保健法により（第12条，第13条），市町村が乳幼児に対して行う健康診査です．法的には「満一歳六か月を超え満二歳に達しない幼児」に対して行う健診（以下，1歳6か月児健診）と「満三歳を超え満四歳に達しない幼児」に対して行う健診（以下，3歳児健診）を実施するよう定められています．これ以外にも市町村は必要に応じて健診を行うことになっており，成長発達の節目や育児の変わり目の時期などに合わせ，満1歳までに1～2回の健診（以下，乳児健診），2歳台で歯科を中心とした健診などが実施されています．

　1947年，児童福祉法制定により公的に開始された乳幼児健診は，身体発育や栄養状態の確認を目的に実施されてきました．1960年代には，障害を早期発見するという目的が3歳児健診に組み込まれ，1977年には，精神発達の遅滞等，障害の発見を目的とした1歳6か月児健診が市町村事業として法制化されました．

　障害の発見が目的となった背景には，早期対応により子どもの発達が保障さ

れるという科学的事実が明らかになってきたことがあります．しかし，当時は障害が発見されても子どもたちは療育や保育を受ける場がなく，家族は不安をもちながら，障害のある子どもを抱え込んでいた状況でした．

　滋賀県大津市では，近江学園を設立した糸賀一雄らが提起した発達保障の理念のもと，全国に先駆けて1958年から乳幼児健診に発達診断と指導の方法を取り入れました．これは，障害の発見と対応を自治体が責任をもって行う画期的な取り組みでした．1970年代には，乳幼児健診で発見された障害のある子どもや家族に「絶望へのパスポートを渡さない」ことを目指し，「乳幼児健診・大津・1974年方式」「障害乳幼児対策・大津・1975年方式」を整えました．乳幼児健診を科学的視点で実施すること，希望する障害乳幼児の保育園全入，専門職種の充実などに取り組み，この成果は，健診後のフォロー体制や療育システム，障害児保育制度を整える動きとして全国に広がりました．

　国の事業としても，1987年には乳幼児健診後の精密健診が追加され，2001年には専門職の参加を含めた健診相談体制を充実するなど，健診・健診後の相談体制の充実が図られています．しかし，「地方分権」政策を進める一環として，1994年には保健所法が地域保健法に改定され，健診実施は市町村に一任されました．また，2005年には1歳6か月児健診，3歳児健診実施のための予算が一般財源化されました．その結果，健診時期や実施方法，健診後のフォロー体制・内容について自治体間の格差が広がっています．たとえば，乳幼児健診の実施方法として，健診を受ける親子が保健センターなどに集まって受診する集団健康診査（以下，集団健診）と，医療機関などに委託してそれぞれに受診する個別健康診査（以下，医療機関委託健診）などの形がありますが，一般財源化を機に，集団健診から医療機関委託健診に切り替えた自治体があります．全国障害者問題研究会（全障研）が2000年に行った全国調査によると，医療機関委託健診は集団健診に比べ受診率が低下することが示されました．

　集団健診の受診率が高い理由には，未受診の家庭に保健師がはたらきかけていることの他に，育児へのアドバイスや，同じ年齢の子ども同士のふれあい，保護者同士が知り合う機会への期待があります．しかし，何よりも子どもを育てるときに感じる「これでいいのかな…」という不安に応えてほしい思いがあるのではないでしょうか．保護者は，乳幼児健診を受けることで，子どもの育

ちや自分の子育てに対する見通しを得たいと思っています．乳幼児健診に携わる者はこうした期待に応え，科学的説明をする責任があります．しかし，上述の調査では，健診後のフォローの場となる「親子教室」などが実施されていない自治体では，実施している自治体に比べ，障害の発見にも療育保障にも消極的な傾向が見られています．乳幼児健診で期待される「科学的な根拠に基づく子育ち・子育てへの支援」という役割を果たすため，何が課題なのかを明らかにする必要があります．

2）乳児健診の内容と課題

次に，子どもの発達の時期にそって乳幼児健診の内容を概観します．それぞれの時期における発達的特徴は本書下巻の（Ⅱ　発達の段階と発達診断）が参考になるでしょう．

乳児健診が実施される時期としては，4か月ごろ，10か月ごろが多く見られます．これは「可逆操作の高次化における階層―段階理論」において，次の階層へ移行するための「新しい発達の力」がめばえる時期と一致します．

4か月児健診は，生まれて初めての健診となることが多く，子育てや保護者自身の健康などに不安や悩みはないかなどに対応します．脳性マヒや点頭てんかんといったけいれん性疾患などの早期兆候を発見し対応することも重要なポイントです．

子どもの発達的な特徴としては，昼夜の区別がはっきりしてくること，首が座ってきて指標を捉えようとすること，相手に自分から微笑みかけたり声を出したりすることなどが挙げられます（下巻Ⅱ　1章「乳児期前半の発達と発達診断」34〜52ページ参照）．あるお母さんは，「2か月ごろまでは，お世話することで精一杯で，『いとおしい』と思えても『かわいい』という感覚は少なかった．最近，この子から反応が返ってくるようになって楽しいです」と話してくれました．一方，「機嫌が悪いことが多い」「まとまった睡眠をとってくれない」「ミルクの飲みが悪い」などの主訴が出されることがあります．その原因を探り対応を考えていく際，乳児を交えた家族がどんな生活を送っているか推察し，親の思いに共感しながら，家族が取り組める対応を考えることが重要です．

10か月児健診のころには，目標に向かっての移動，探索が盛んになり，相手

（第2者）と第3者を共有するようになります（下巻Ⅱ　2章「乳児期後半の発達と発達診断」53〜74ページ参照）．この健診では，対人関係の課題や発達の遅れの兆候を把握し対応する必要があります．また，すぐに注意が散る，うつ伏せや座位姿勢での探索や操作活動が充実しないまま歩行しようとする，などの姿に出会うことがあります．これから始まる幼児期の生活や他者との交流を考えると，この時期は，子どもが自分の行為に対する手応えを感じる遊びとその楽しさを共有できる相手をつくることが大切です．

3）乳児健診での出会いから

　あるとき，相談会に生後4か月の赤ちゃんを連れてきたお母さんが，「生まれてから2時間以上続けて眠ったことがない．抱っこをしていないと眠らず，眠ったと思ってそっと布団に置くと身体をぴくつかせ泣き出してしまう．眠れないため日中も機嫌が悪い．子どもをかわいいと思えない」「私の寝かしつけ方が悪いのでしょうか」と途方にくれた表情で話しました．お母さんの苦労を労（ねぎら）いながら生活での姿を聞くと，抱っこや支え座りの姿勢で遊ぶと機嫌は悪くないとのことでした．子どものようすを確認すると，お母さんの膝に座らせて向かい合ったときは相手の表情をじっと見たり声を出したりしますが，仰向けやうつぶせの姿勢では，障害を疑わせるような異常な姿勢反射ではないものの，やや身体の反りが強いようすがありました．お母さんとともにその姿を確認しながら，緊張をうまく緩（ゆる）めることができず，わずかな音や姿勢の変化で身体が緊張するのかもしれないと話し，身体の緊張をうまく取りながらやりとりできる姿勢や体操などの工夫を伝え，実際に試してもらいました．1か月後，保健センターに来たお母さんは，少し明るい表情で，「眠ってくれる時間が長くなりました」と話しました．まだお母さんがゆっくり睡眠をとれるほどの時間ではありませんが，「夜が来るのがしんどい」思いをせずにすむようになったこと，日中の機嫌が良くなり，笑顔や声のやりとりができるようになったことが嬉しかったそうです．「なんとかやっていける気がします」と話す表情が印象的でした．

　乳児期は子どもの生活がスタートする時期であるとともに，保護者が「お父さん・お母さん」としてのスタートをきる時期です．育児の困りごとや不安は親としての自信をもてない経験にもつながります．幼児期のお子さんと相談で

出会ったとき，「子どもがかわいいと思えない」と話したあるお母さんは，「自分は育児が上手ではない」「乳児期から私が関わると泣く」と，それまでの子育てを振り返りました．乳児期にお母さんと子どもが発していたサインを私たちがつかみ，お母さん自身が子どもに関わることで「かわいい」「楽しい」と実感できるための支援が必要だったと考えさせられました．

　乳児期は，運動発達，認知発達，対人交流が，生活リズム，栄養，機嫌などと密接に連関し，それらが保護者や家族の生活とも深く関係する時期です．幼児期に気になる姿を見せる子どもの中には，敏感さなどの育てにくさを保護者が乳児期から感じている場合や，逆に全く手がかからなかった場合もあります．また，乳児健診で保護者が語る主訴には，「まだ座らない」「ハイハイしない」といった発達に関するものよりも，「眠りが浅い」「離乳食が進まない」「夜泣きが続いている」など生活上の困りごとが多くみられます．

　乳児健診では，障害の発見・対応とともに，子どもや家族の生活上のサインを見逃さず，保護者が育児に向き合って，自分なりに困りごとや不安を乗り越えられた自信がもてるよう支援を行う必要があります．

4）幼児健診の内容と課題

　1歳6か月児健診では，幼児期への飛躍的移行期の発達的特徴を確認します．このころの子どもは，歩行の自由，道具の使用，言葉の獲得という発達的特徴と，「ジブンデ」したい自我が誕生する姿を見せはじめます．そして，その自分なりのつもりを，話し言葉を介して相手と共有しはじめます（下巻Ⅱ　3章「1歳半の質的転換期の発達と発達診断」75～97ページ参照）．ここでは，それまでに把握された障害の他に，話し言葉の世界に入る基盤となる対人関係のもち方に困難を示す子どもを把握し，対応しなければなりません．保護者からは「よく動く」「言葉が遅い」「癇癪がひどい，機嫌が悪く立ち直りにくい」などの訴えが聞かれることがあります．この時期の子どもが示す「ジブンデ」したい発達の姿なのか，何らかの支援を求めているサインなのか，同じような主訴が乳児期から続いていないかなどを確認し，保護者の不安に寄り添いつつ対応を考える必要があります．

　3歳児健診では，2次元可逆操作の獲得に向けて2次元形成期の特徴が深まるようすを確認します．この時期の子どもは，自分についての理解や表現が多

彩になり，「大きな自分でありたい」気持ちや自信を見せるようになりますが，一方で，求められること，やらなければいけないことに気持ちの揺れを見せます（下巻Ⅱ　4章「2〜3歳の発達と発達診断」98〜122ページ参照）．この健診が最後の乳幼児健診となることも多く，保育園や幼稚園などに通いはじめている子どもも多くなります．すでに支援してきた子どもについては，その成長過程や取り組みが集団の場でも共有できるよう連携を図ることも必要です．また，明らかな障害ではないものの，軽い発達の遅れ，行動上の問題や情緒面の課題，不器用さなどを示す子どもに対して，保護者と課題を共有しつつ，集団の中で適切な取り組みがされるよう対応することが必要です．

5）幼児健診の振り返りから

　集団生活を送るようになると，「落ち着かない」「活動に参加しない」「子ども同士のやりとりがうまくいかない」「気持ちのコントロールが苦手」などの姿が見られ，保護者が園と一緒に相談を申し込むことがあります．そのなかには，これまでの健診では大きな問題を指摘されずにきている場合もあります．実際に子どもと出会うと，発達検査の課題などは通過し，発達の遅れは認められないものの，相手との関係のとり方が不器用だったり，一方的になったりする姿が見られることがあります．子ども自身も「わかってもらえない」感覚や叱られる経験を重ねていたり，保護者も子どもへの評価だけではなく，自身の育児に対する自己評価が下がっていることもよくあります．

　そうしたケースで健診の記載を振り返ると，「落ち着きがない」「トラブルが多い」「癇癪がひどい」などの主訴があり，睡眠・食事など生活面でやりにくさが続いていることがあります．健診でのスクリーニング課題は通過するため，それぞれの時期に特有な育児の悩みとして対応されていますが，健診のたびにこのような訴えが続く場合は，発達上の課題と捉え，丁寧な対応が必要です．

6）乳幼児健診に求められる役割

　乳幼児健診には，障害の早期発見・対応，子育て支援という役割があることを見てきました．しかし，現在の社会情勢では，子どもの育ちすら自己責任として扱われることが多くなっています．そのなかで子どもの発達保障のために乳幼児健診が必要不可欠であるという社会的合意を形成するために，「受けなければならない」健診から「受けたい」健診への転換が求められます．「受け

たい」健診であるためには，子どもの発達や子育てに対する科学的根拠が得られるだけではなく，保護者自身が自分の子育ての状況をしっかりと捉え，今後どのような子育てをしたいのかを考えていくなど，子育ての主体となりゆくための支援が求められるのではないでしょうか．

　障害や発達上の課題がある場合には，障害の早期発見が，親子にとって受け入れやすい支援内容に結びつくことが必要です．健診での発見は診断ではありません．子どもの状態に「名前」をつけることでしか対応に結びつかない状況は，保護者が子どもの状態に合わせた支援を受けたいと踏み出そうとするときに，ハードルを高めることにもなりかねません．障害の発見が支援につながるためには，子どものもつ発達上の困難や育てにくさに寄り添うこと，子育ての主体となる保護者を支える視点が不可欠です．

　乳幼児健診の充実には，保健・療育・保育・教育・福祉などの分野が連携し合う体制の整備が求められます．乳幼児健診自体を公的責任において実施することはもちろん，その後の体制についても公的責任において整備されなければなりません．

　これらのことを踏まえ，健診に携わる者には，目の前の親子から，その地域で何が必要とされているか，すべての子どもの発達を保障するシステムをどう展望するかを探求する姿勢が求められていると言えます．　　　（小原佳代）

（2）子育て支援と発達相談

　乳幼児健診等によって，子どもに障害がある，または発達支援が必要であると判断された場合，その後，発達相談や親子教室につなぎ，子どもに対する発達支援と保護者への子育て支援が具体的に開始されます．

1）親子教室の役割

　のちに発達障害があると診断された子どもの保護者への聴き取りを振り返ると，多くが乳児期より子どもに育てにくさを感じていたと答えています．具体的には「なかなか寝ない」「離乳食が進まない」など生活上の困難や「人見知りや場所見知りが非常に強い」「まねをしない」など相互交流のもちにくさがあったといいます．ところが，早期であればあるほど障害に発展するかどうかは確定できず，また保護者もわが子に障害があるとは思っていないという状況

があります．こうした時期に，「どう関わったらいいかを一緒に考えてくれる支援や，子育ての悩みを語り合う仲間がほしかった」と振り返る保護者は少なくありません．障害かどうかはともかくとして，育てにくさを軽減する"今の必要性"に応える早期の子育て支援を求めているのです．

このようなニーズに応えるため，各自治体では，乳幼児健診後の具体的な子育て支援の場として，また，どのような支援が必要かを見極める場として，親子教室を実施してきました．一組でも多くの親子に利用してもらい，必要な支援が届くよう，障害児施策としてではなく，母子保健事業や子育て支援施策に位置づけて実施しています．

乳幼児健診等で療育を受けた方がよいと判断されたとしても，保護者がその必要性を感じていなかったり，障害児施策への戸惑いや躊躇から利用に踏み切れなかったりすることもあります．そういった場合には，児童発達支援が在宅児への地域支援として親子教室を実施して，利用しやすい形で子どもへの支援を開始します．そして，具体的に経験し，療育の中身を知ってもらうことにより，保護者が子どもにとって必要な選択をしていくことを側面から支えます．

また，重度の障害やダウン症候群などの染色体異常症，聴覚障害，視覚障害などがあり，早期から専門的な支援を受けたいという保護者のニーズに対しては，児童発達支援に入所するまでの対応として，その児童発達支援が親子教室を実施している場合もあります．

このように親子教室は，早期対応の入り口として，親子が利用しやすく，最初に出会う集団の場にふさわしい取り組みとなるよう，それぞれの地域や教室で工夫され実施されています．

また，乳幼児健診の事後フォローとしての親子教室は，1歳6か月児健診や3歳児健診後に実施されてきました．しかし，近年，鹿児島県伊佐市や滋賀県大津市のように，0歳児を対象とする親子教室を実施する自治体も出てきました．その背景に，乳児期は保護者が育てにくさを感じ子育てに戸惑いをもっていても，連れて出かける場がなく親子が孤立しやすい状況があることと，歩行開始以前の方が子どもとの対面的な共感関係をつくりやすいことがあります．また，1，2歳の低年齢から保育園に入り，その後，障害が発見・把握されるケースが増えていますが，在宅している0歳児期に親子教室を利用した経験が，

いずれ必要なときの相談や支援につながりやすいこともわかってきました．少子化や低年齢からの保育園への入所がさらに進めば，乳児期の親子教室実施は急務の課題といえるでしょう．

しかし，先にみたように母子保健法が定めた健診は1歳6か月児，3歳児健診であり，乳児健診は任意健診となっています．さらに，乳幼児健診の集団健診から医療機関への委託が全国的に進んでいることから，乳児期の発達支援の必要性を把握していない自治体が多く，したがって乳児期の親子教室を実施している自治体が少ないのが現状です．母子の健康水準の向上をめざす「健やか親子21（第2次）」（厚生労働省，2015）の主要課題に「『育てにくさ』を感じる親に寄り添う支援」が挙げられていながら，親子が最も支援してほしい時期に，そのニーズを把握する集団健診がなく，必要な支援が届けられていないという問題があります．

そうした状況にあって，地域で働く発達相談員は親子教室でどのような役割を果たしていくのでしょうか．ここでは，滋賀県大津市で子育て支援施策に位置づけて実施されている1歳前半の親子教室について紹介し，親子教室における発達相談員の役割について考えます．

2）子育て支援に位置づけた大津市の1歳前半の親子教室

大津市では1980年代より，はっきりした発達の遅れがあるわけではないけれども何らかの発達支援を必要とする子どものための親子教室を，1歳9か月児健診・2歳6か月児健診の事後フォローとして，主として母子保健事業の中で実施してきました．市の子育て支援の拠点として2006年に子育て総合支援センターが開設されたのに伴い，それが子育て支援施策に位置づけ直され，一部は発達支援を必要とする2歳児のための療育を行う発達支援療育事業として発展し，一部は1歳児及び2歳児のための親子教室として実施されています（西原，2016）．実際に発達支援療育事業を開始してみると，乳児期からわが子の育てにくさを感じてきた保護者の悩みや疲労感がリアルに伝わってきました．

さらに，子育て総合支援センターに遊びに来る親子に接する中で，人との関係を十分つくりきれないままにハイハイや独歩などの移動運動を獲得すると，双方向の対人交流がもちにくくなり，子育ての困難度・負担感が格段に増すことを目の当たりにしました．「どうして子どもはこんなに寝ないのか…昼間は

出かけて遊ばせているのに夜中に何回も起きて…．家事は進まないし，私も睡眠不足になってイライラするし…．どうしたらいいのかわからなくて，誰か助けてほしい，このままでは虐待しそうと毎日子育て支援センターに通いました」．「ハイハイし始めたら，あちこちに動いていってしまうので怪我しないかと目が離せず気が休まりません．他のお母さんと子育ての話をしたいけれど，目を離せないのでできなくて…．こんなに動いてじっとしていないのはうちの子だけじゃないかと心配です」．

　センターで親子の遊びを見守り子育て相談にあたっている保育士からも，「相談だけではなかなか親子の悩みは解決しない．子どもに合った環境や遊びを用意し，親子がつながるような手立てを打ちながら，保護者と一緒に子どもの関わりを考えていく集いの場が必要ではないか」との声が上がりました．他方で，大津市では10か月児健診が初めての集団健診となるため，そこで発達上の課題を発見・把握した子どもを確実にフォローすることが課題となっていました．乳児期は保護者が子どもの育てにくさを発達上の課題として認識しにくいため，10か月児健診後の再診に来ず，1歳9か月児健診で発達上の課題が拡大しているケースがあったからです．

　この二つの課題を何とか解決したいと考え，発達支援が必要な子どもの乳児期後半の親子教室を2007年度より本格的に開始しました．歩き始め前後の1歳から1歳3か月の子どもが対象で，保護者が広報を見て申し込む親子教室ですが，児童館などの子育て支援施設や10か月児健診においてもそうした保護者に案内しています．

　現在では学年人口の5～6％がこの親子教室を利用しています．近年では，子育て総合支援センターばかりでなく，民間の保育園やNPO法人など，会場や地域，担い手の広がりを見せています（別所・竹内，2016；西原，2018）．

【事例】夜泣きや人見知りがひどく，お母さんから離れずなかなかハイハイしないAちゃん．お母さんは離乳食がうまく進まないことも心配で10か月児健診で相談しました．10か月児健診では子ども全員に発達相談員が接し，実際にやりとりするスクリーニングを実施しています．その場で，発達相談員はお母さんの心配事の背景に，子どもの協調運動の難しさと感覚の過敏さがあって，A

ちゃんの世界や人との関係を広がりにくくしている発達上の課題があると判断し，健診時の栄養相談とともに健診後の個別相談と親子教室を紹介しました．

　親子教室の１回目，お母さんがＡちゃんを抱っこして遊ぶ部屋に入ろうとすると大泣きし，中に入れないで困っていました．スタッフがＡちゃんには注目せずお母さんと話していると，徐々に泣き止み，中のようすを見はじめました．他の親子が隣室に移動していなくなったところで，「ちょっとだけ部屋の中に入ってみましょうか」と誘い，スタッフはＡちゃんの気持ちが動くのをゆっくりと待ちました．Ａちゃんはくすぐり遊びや揺さぶり遊び，絵本の読み聞かせに興味をもったようでした．そうしたようすから発達相談員は，Ａちゃんは多くのおとなや子どもが入り混じる騒がしい場では何がどうなるかわかりにくいため不安になるけれども，遊びに興味がないわけではなく，落ち着いた状況なら外の世界に関わっていくのではないかと考えました．２回，３回と教室に参加するうちに，Ａちゃんは抱っこのままで楽しめる触れ合い遊びや絵本の読み聞かせから参加し，集団の動きが落ち着くと抱っこから降りて玩具に手を伸ばす場面も出てきました．表情が柔らかくなり楽しんでいるＡちゃんの姿を見て，お母さんにも笑顔が見られるようになりました．

　お母さんが「せっかくＡがこの教室に慣れて楽しめるようになってきたのにもうすぐ終わるのは残念」と言ったのに対し，保育スタッフは，同じような教室があるので地域担当の保健師に尋ねるように伝え，了解を得て，保健師にも連絡を取りました．保護者から申し込むことを大切にしているのは，少しでも子育ての主体になりゆくことを応援する思いがあるからです．

　「今まで人見知りが強くて大泣きしていたので『ともかく慣れさせないと』，『夜寝てくれるように』といろんな場所に連れて行っていましたが，この子にとってはよくわからないから不安だったんですね．子どもが楽しめる遊びを考えてくれるこの教室が終わったらどうなるかと思ってたんですけど，回数が多く丁寧にみてくれる教室があると保健師さんに教えてもらって行くことにしました．それから，この教室で知り合ったお母さんとつどいの広場で『また会おうね』と約束し，来週もここに集まることにしました」．

　Ａちゃん親子はその後，１歳後半から療育前の親子教室につながり，２歳からは療育教室に毎日通いました．そして，３歳で育児休暇が明けると保育園に

入り，お母さんは仕事に復帰しました．障害児保育制度を利用して，入園後も発達支援や巡回相談を受けながら，Ａちゃんは集団の中で育っていきました．

　乳児期後半は，子どもが外界への志向性を増し移動運動を開始するために，保護者は安全面の確保に必死となり，育児に戸惑いやすい時期です．しかし，子どもの育ちという面では，1歳半ごろの発達の質的転換期に向けての「生後第2の新しい発達の力」が誕生し，おとなとの関係を変えたいとの願いが生まれ，"こうしたい"というつもりの形成につながる大切な時期です．そのため，子どもの見方を転換し，子どものつもりを読みとり，育児が楽しくなるような子育て支援が求められます．発達障害が疑われる場合や何らかの発達支援が必要な場合はなおさらです．乳児期後期健診でその兆しを把握し，必要な支援につないでいくことが重要です．

　白石恵理子（2016）は「10か月という時期は，操作や道具の獲得がままならない面を持つからこそ，より相手との交流，対人面での発達を捉えやすいのではないだろうか」と指摘しています．乳児期後半の親子教室には，発達支援・子育て支援の両面で子どもの発達上の課題を把握し手立てを打つ意味があります．子育て支援施策の一環として親子が参加しやすいものにし，取り組みの中身には療育教室で培った知見や方法を生かすことが求められます．

3）親子教室における発達相談員の役割

　親子教室において，発達相談員は子どもに直接発達検査をせず保育参観という方法によって関わります．集団の中での姿と個別の発達相談で表す姿をつないで子どもの発達像を多面的に検討し，保育者とともに親子教室に取り組みながら子どもの理解を深め，必要な手立てを検討する専門職としての確かな目が発達相談員には求められます．また，そうした子ども理解に基づいて，毎日の育児が楽しくなるよう，生活や遊びにおいて子どもにどう関わるか，保護者とともに考える役割があります．

　親子教室は，保育所や療育教室と異なり，毎日を過ごす場ではありません．保護者は，子育て仲間や相談できる支援者を得て，そことつながり伴走してもらいながら子育ての主体になっていきます．そのきっかけをつくり，社会的な子育てへの橋渡しをすることも親子教室における発達相談員の大切な役割と言

えるでしょう.

さらに，対面する親子ばかりでなく，そこに暮らす親子全体にとっても子育てしやすい地域をつくるという目的に向かって，通いやすく地域の居場所となるような親子教室のあり方や子育て支援の場の整備を，一歩踏み込んで提言していくことにも視野を広げていきたいものです．　　　　　　　　　（西原睦子）

（3）保育園・幼稚園における発達相談

1）保育園・幼稚園における発達相談の役割

　発達相談は，障害児保育の歴史とともに，保育園や幼稚園の現場に出向いて保護者や保育者と相談する巡回相談として位置づいてきました．その巡回相談の蓄積の中で，①子ども一人ひとりの相談内容が，クラス全体，園全体の保育に結びつく視点をもつ，②障害児加配の保育者が非常勤やパート勤務が多いことも考慮に入れながら，第三者の相談者が入ることで，普段の悩みを出し合ったり，保育への思いをあらためて確認し合ったりする機会にする，③保護者に対しては，子どもの発達や育ちを確認し合うことで，親が子育てや就学などに見通しをもつ，これらのことを大切にしてきました．相談の際には，保育者と相談員はあくまでも対等・平等の立場であり，互いの専門性を大切にした共同が求められることは言うまでもありません．また，通園施設（児童発達支援）とは違って健常児が多い保育園・幼稚園では，親は孤独感や焦りをもちやすいために，同じ悩みをもつ保護者を園内，あるいは園を越えたネットワークや福祉制度につないでいくなど，長期的な見通しや地域づくりに配慮しながら，相談を進めることが大切です．

　さらに最近では，障害児保育の対象ではないものの，集団生活を送るうえで発達上の支援を必要とする子どもの課題が認識されるようになってきました．発達の遅れがない場合，保育園に入ってから課題が把握されることも多く，保育者はクラス運営や保護者との関係で，とまどいや悩みを抱えていることが少なくありません．ここではそのような場合に発達相談がどのような役割を果たすのかを，まずはBちゃんの事例から考えたいと思います．

【事例】Bちゃんは乳児期から保育園に在籍し，ハイハイをあまりしない，保

育者をあまり求めてこないなど，いくつか気がかりな点があったものの，乳幼児健診は通過しており，取り組みの中で工夫をしながら保育を進めてきました．しかし，4歳児になって集団参加が求められる場面になると，わざと電気を消したり，友だちを叩いたりという行動が目立ってきました．

　対応を思案していた保育園からの紹介で発達相談につながりました．保育参観をすると，集団のようすをとても不安そうに見ている，自分が打ち込む遊びやつながる友だちがいない，言葉はあるけれども自分の感情を表現する言葉や人と関係をつなぐ言葉があまり出ていないことがわかりました．

　発達診断では，大きな遅れはないものの，両手の交互開閉など身体や手先を使って2つの運動を協応させまとめあげる課題や，積木や描画など結果が自分で目に見えやすい課題には抵抗感が強い，数や色は知っているものの「どれが一番好き」と自分の価値を問われると選べなくなる，今ここにない状況を想定して言葉でやりとりしていくのは難しく，言葉だけでの長い説明は理解しにくいことがわかりました．「問題行動」にみえた行動は，自分のよりどころがない，また自分を支える身体の軸がつくれず，自分のつもりが遊びに実っていかない不全感が高まってのことであり，さらにそうした発達的ニーズがつかめずに，表に出ている行動に振り回されていた周囲の対応も加わっての結果であると推測されました．

　こうした姿を，子どもの意図やつもりからていねいに伝えると，当初保育園に批判的だった保護者が，実はBちゃんは乳児期からあまり寝なくて子育てで苦労してきたこと，夫に子どものしつけをもっと厳しくするように言われていてつらいことなどを話してくれました．在籍児数が多く「問題行動」を防ぐのが精一杯で，家庭の子育てがどうなっているのか疑念を抱いていた保育者も，子どもの願いと保護者の苦労がつかめ，できるだけ本人にわかりやすい状況をつくるとともに，Bちゃんが抵抗感なく自然に身体を使いこなすような遊び，朝一番の自由遊びの時間に本人が手応えを感じるような遊びを，と，いっしょに取り組んでいくことになりました．また，本人の気持ちを代弁するなどして，知識としての言葉ではなく，自分の内面を語り，関係をつなぐ言葉の育ちを応援することにしました．その結果，Bちゃんばかりではなく，クラス全体が生き生きとしていきました．

このように「困った子ども」ではなく「子どもが困っている状況が存在する」と捉え，行動の背景にある子どもの願いや悩みを発達要求として読み解き，保護者や保育者に内在する子どもへの願いや現場の知恵，工夫を引き出し，そこに依拠しながら，発達的な視点から実践の方向性を示すことが求められます．そのうえで，悩みや不安はあっても，保護者や保育者が子どものおもしろいところやよいところを見つけられるようになっていく，そこに伴走し，立ち会う喜びが，発達相談の醍醐味とも言えるでしょう．

2）発達相談が保育の役に立つということ

では，このように保育園や幼稚園などで発達相談を行うにあたって，現場では何を期待され，何が求められているのか，保育との関係でもう少しみていきます．

保育者は発達相談に対して，多くの場合「この相談を通して保育の悩みを解決したい」「この相談の結果をこれからの保育に役立てたい」と考えています．発達相談員も，相談することがそこにつながってほしいと考えています．しかし，それがうまく噛み合わず，相談が，保育者と発達相談員の双方にとって消化不良で終わることがあります．

発達相談では，子どもの姿を共有するために，発達相談員は発達診断結果をもとに子どもの姿を伝えます．そこには，発達相談員と保育者の間で，①発達診断結果をもとに子どもの発達を知る，②子どもの理解が深まる，③子どもに必要な保育のヒントがつかめる，④保育の役に立つ・保育の悩みの解決につながる，という流れが想定されています．この流れ自体は間違いではないのですが，いくつかポイントを押さえていないと，①からスタートする流れがうまく④につながらないのです．

ⅰ）発達診断結果をもとに子どもの理解を深める

発達相談員が保育者に発達診断結果を伝える際に意識しておかなければならないことがあります．それは発達相談員が発達診断をもとにして得た子どもの理解と，保育者が実践の中でつかんでいる子どもの理解とでは，抽象度に違いがあるということです．

発達診断においては，環境や状況といった外的な影響や，個人ごとの差異を

いったん捨象して，抽象度を上げて，子どもの発達の姿を捉えようとします．

　そのようにして捉えた子どもの姿というのは，そのまま現実の保育に当てはめようとしてもうまくいかないことがあります．保育の中で保育者が抱える悩みはあたりまえですが具体的です．抽象度を上げて捉えた子どもの発達の姿を，実際の保育（生活）の中に戻し，つまりはいったん捨象した環境や状況といった外的な影響や個人ごとの差異との関係の中で，捉え直す必要があるのです．

　この捉え直しには，保育者が実践の中でつかんでいる子どもの理解が必要になるのです．抽象度を上げてつかんだ発達の力が，保育（生活）の中では，どのように使えていてどのように使えていないのか，次の発達の力につながるように作動しているのか・いないのか，といったことを保育者が掴んでいる子どもの姿とすり合わせていくのです．その捉え直しの中で発達診断結果を補強したり，場合によっては修正することがあるかもしれません．保育現場における発達相談においては，このように発達相談員と保育者との間で子どもの姿を共有していくことが求められます．そして，その際に，発達相談員と保育者がそれぞれの専門性を活かし，対等・平等な立場で専門職として共同していくことが大切になります．ときに保育者から「発達診断してもらっても，保育の役には立たない」と言われることがあります．それは，抽象度が高いままの発達診断結果が現場に返されたときにおこるのではないでしょうか．

ⅱ）保育園・幼稚園という環境を考慮する

　実際の保育（生活）の中で子どもを捉え直すには，いったん捨象した保育園・幼稚園の環境や状況，園の規模，クラスの子どもの人数，クラスの保育士の数，園の保育方針，年間行事の取り組み方などを考慮する必要があります．最近では国の規制緩和による保育環境の貧困化もあり，園庭や遊戯室の有無，部屋の大きさやつくりなどの影響も視野に入れなければなりません．

ⅲ）子どもは集団の中でともに育ちあう

　発達診断と保育を結びつけて考える際に，もう一つ発達相談員が意識しなければならないことがあります．それは，発達診断はその子ども個人を対象として行う行為であり，保育はその子を含むクラスの子どもたちや保育者も含んだ集団を対象として行われる行為だということです．

　発達診断でつかんだその子どもに必要な関わりや手立てを，そのまま保育の

中にもちこんでもうまくいかないことがあります．なぜならその必要な関わりや手立てはあくまでもその子個人を対象としているからです．しかし，保育園・幼稚園で行われる保育はその子だけのものではありません．その子にとって必要な手立てが必ずしもクラスの保育と噛み合うとは限りません．発達相談時に，「～ちゃんにとって必要な，保育の手立てのヒントがもらえました」と言っていた保育者が，実際の保育ではどうすればいいかわからなくなって困っているということがあります．保育の手立てを考える際には，Bちゃんの事例にもあるように，個の育ちだけでなく，クラス全体の育ちを視野に入れ，ともに育ちあうという視点をもった相談が求められるのです．その際には，前述のようにそれぞれの保育園・幼稚園の環境も大きく影響してくることでしょう．保育園・幼稚園での発達相談には，保育相談としての役割も求められているのでしょう．

（高田智行）

2　児童発達支援における発達診断と療育実践

（1）児童発達支援センターのかなめとしての通園療育

　児童発達支援センターは，障害をもつ乳幼児期の子どもを対象に発達の支援を行う場です．センターは，障害をもつ子どもたちが毎日通ってくる通園部門と保育所等訪問支援事業，障害児相談支援事業などの地域支援部門をもち，地域の障害児支援の中核的役割を担っています．

　児童発達支援センターの通園部門の多くで，子どもたちは，10時ごろから15時ころまで遊びやリハビリ，給食など毎日同じような緩やかな日課のもと，1クラス10人前後の小集団で生活を積み重ねます．通園児は，障害が比較的重い場合が多く，子どもの発達や障害の状態に合わせたきめ細かい健康管理，食事や着脱，排泄などの基本的生活習慣の形成に取り組むことが必要です．そして，何より，楽しい遊びの中で，全身の運動機能や手指操作の巧緻性を高め，人とコミュニケーションをとり，共に活動する喜びを豊かに経験することが大切です．通園療育は，子どもに対しては人生の最初の時期である乳幼児期の発達を支援し，保護者に対しては子育ての第一歩を踏み出す後押しをするという，その後の親子の人生の基盤をつくるうえでのかなめの役割を果たしています．担

任となる保育士，児童指導員だけでなく，医師，看護師，理学療法士，作業療法士，言語聴覚士，ケースワーカー，栄養士，調理師，心理職などさまざまな専門職が関わっています．

　児童発達支援センターの職員は，通園部門の子どもたちの療育を集団的に実践し，検討し合うことでその専門的力量を高め合い，その力量を外来部門や地域支援などの他の児童発達支援の業務にも発揮しています．通園療育は，職員の専門的力量形成という点でも，児童発達支援センターのかなめなのです．

　通園療育の中では，1年に1～2回発達相談が行われる場合が多いでしょう．発達相談を担当する心理職は，発達検査を実施し，保護者に子育ての相談を行います．発達相談の前に保育やリハビリでのようすを他の職員から聴取し，発達相談後には内容を職員に報告し，より良い療育内容を考え合います．発達相談は，常勤の心理職が担当している場合もあれば，非常勤の心理職，また，保育スタッフが兼務で担当している場合もあります．

　ここでは，児童発達支援センターの通園部門における発達相談の二つの役割について事例とともに述べたいと思います．筆者が児童指導員として勤務していた児童発達支援センターで発達相談を担当した事例で，いずれも，3歳のセンター入園前後に自閉スペクトラム症の診断を受けています．

（2）発達相談の一つ目の役割──子どもがどんな発達への願いをもっているかを職員集団が考え合う

　一つ目の役割は，子ども本人の思い，つまり，どんな発達への願いをもっているかを職員集団が考え合うきっかけとすることです．障害をもつ乳幼児期の子どもは，自分の思いを言葉で表現することが難しいだけでなく，その時々の生理的な快・不快によって行動が左右されます．家庭で経験したこと以外は未経験のため，集団に不安を感じたり，いろいろな刺激に敏感である子どもが多く，子どもが実際にはどんな思い，発達への願いをもっているかが周囲のおとなにわかりにくいのです．

　子どもたちは，集団の中で見せる姿と，相談室という一定の区切られた空間の中で見せる姿が違うことがあります．集団場面と相談場面の両方の子どもの姿を検討することによって，子どもの発達や障害による課題がより鮮明に見え

てきます．担当者は，発達検査の結果だけでなく，課題への向かい方，同伴した保護者や相談者との関わり方なども記録します．たとえ短時間でも職員が集まる場をつくり，発達相談の報告とともに，保育場面など日常での姿や支援上での悩みなどを職員集団で出し合い，子どもの願いについて考え合うことが大切です．

【事例】Cちゃんの入園したころの保育での姿は，常に無表情で，おとなの手を引いて自分の思う場所に連れて行きじっと眺める．また，手に取った絵本の角を眺めるなど，何らかの視覚的な刺激に対して関心があることはわかるものの，おもちゃで遊ぶことへの関心はない印象でした．お母さんが保育室にいても意識しているようすもなく，職員がくすぐったり，追いかけっこをしかけると目が合うことはありますが，それもまれなことでした．

　しかし，そのころ実施した発達相談ではまったく予想外の姿を見ることができました．普段入ったことのない相談室ですが，お母さんと一緒に新しい場所に来たことが嬉しいようすで表情が和らいでいました．積木を8個積んで得意そうに検査者である私の方を見たり，お母さんの方を見て自分から拍手してお母さんにも拍手を求めます．「○○はどれ？」の問いに指さしで答えることは難しい段階でしたが，検査者が絵指示図版の絵を指さしながら物の名前を言っていくと，もっと言ってほしいというふうに，私の手を別の絵の方に引っ張って，クレーンで要求してくるなど，物の名前に関心があることも確かめられました．手指の活動では1歳半の力を獲得し，言葉やコミュニケーションの面でも，言葉に関心をもち，自分の意図を相手に伝えていく1歳前半の力をもっていることがわかりました．おそらく，保育場面でのCちゃんは，初めて出会うおとなや子どもたち，また，初めて見る教材や空間の広さなどをどう捉えていいかわからず，不安を感じ，混乱しているのではないか．相談室は，限られた広さで，壁や床のじゅうたんも家庭に近い雰囲気であったので，お母さんという安心できる存在がそばにいてくれたこともあり，新しく出会ったばかりの私にも，一方的にではあるが，自分の要求を伝えることができたのではないかと考えました．

　家の中では後追いするほどお母さんを気持ちの支えにしているということだ

ったので，園の中でも担任と信頼関係を結ぶなかで，自分の要求を伝えられる
ようになるのではないか，担任を支えに園生活に安心をつくっていけるのでは
ないかと担任集団と話し合いました．その議論を受けて，担任集団は，「大好
きなゆさぶり遊びや，くすぐり遊びをたっぷりするなかでおとなとの信頼関係
をつくっていく」ことを保育の課題にすえました．そのなかで，Ｃちゃんは，
夏ごろから表情が和らぎ，緊張がほぐれたのか，食べられなかった給食が食べ
られるようになりました．12月ごろには，園での発声が増え，名前呼びで手を
挙げる返事が確実になりました．おかえりの歌を模倣して歌い，絵本が好きで
みんなと一緒に着席してよく注目するようにもなりました．大好きなゆさぶり
遊びをたくさんしてくれる担任への信頼が育ったことで，自分の要求を伝えら
れるようになっただけでなく，担任の提示する歌や絵本などさまざまな遊びを
とらえ，そこに自分の意図を調整して，応じていこうとする1歳半の力も芽生
えてきたのです．

　このころ実施した発達相談場面では，たとえば，「おめめはどれですか」な
どを問う身体各部の課題に自分から応えることは難しいが，私がしてみせると
同じように動作模倣をして笑顔で視線を合わすなどの姿がありました．お母さ
んや担任だけでなく，普段あまり関わりのない私との間でも，相手の意図を受
け止めて，応答的なコミュニケーションをとろうとする姿を見せてくれました．

（3）発達相談の二つ目の役割 ── 子どもが見せる姿を保護者と担当者が共有し，子どもの育ちを確かめ合う

　二つ目の役割は，子どもが見せる姿を保護者と担当者が発達相談を通して共
有し，子どもの育ちを確かめ合うことです．

　保護者にとって，初めての子育てである場合も多く，まして，障害をもつ子
どもの子育てはほとんど未経験です．乳幼児期の障害をもつ子どもの保護者は，
単に発達の遅れだけでなく，多動や睡眠リズムの乱れ，偏食などさまざまな障
害特性に伴う子育ての苦労と格闘しつつ，我が子が障害をもっているという事
実を受けとめていかなければなりません．おそらく，最初の発達相談は，保護
者にとって，子どもの発達に向き合わなければならない緊張を伴う場面であり，
親としてどう臨めばいいか戸惑う気持ちもあるでしょう．担当者は，できるだ

け，保護者も子どももリラックスできるような雰囲気づくりを意識し，普段子育てに頑張っている保護者に敬意をもって臨みたいと思います．

　発達検査を実施した後は，検査を通じた子どもの姿を，何ができたかだけでなく，どんな気持ちで課題に向かおうとしていたか，どう検査者と関係をつくろうとしているかなど細かく伝えていきます．回を重ねるうちに，子どもの発達を援助していくことが単に結果を求めてやらせればいいのでなく，子ども自身が主体的に活動に向かえるように援助していくことであることに，保護者自身が気づいていきます．これは発達相談によるだけではなく，日々の保育や他職種の関わりの中で，そして何よりも子どもが発達への願いをもっていることを日々の子育てで実感する中で，保護者自身が変わっていくのです．

　発達相談は，基本的に個室で同じ発達検査の課題を通じて行われます．いつも同じ条件の場面であり，保護者にとっても我が子の発達に向き合う緊張感のある場面であるからこそ，子どもの姿の変化を保護者と相談担当者が共に確かめ合いやすく，子どもの育ちを保護者が改めて実感しやすいのです．

【事例】Dちゃんは，入園して初めての発達相談で，着席して落ち着いて取り組みました．積木を8個きれいにそろえて積み上げるなど1歳半の道具操作の力はもっていますが，お母さんとも検査者ともまったく視線を合わさず，天井を見回すなどしています．お母さんへの愛着を示すことは家庭でもみられず，睡眠リズムの乱れなども加わって，お母さんは，子どもの姿を理解しにくく，子育ての手ごたえが感じられないようすでした．保育場面では，一人遊びが多かったのですが，1年目の後半からブランコに乗れるようになり，おとなの手を引いてブランコを押してほしいという要求を伝えるようになっていました．担任集団も，人と遊ぶ楽しさを知ってほしい，人に自分の要求を伝えることができるようになってほしいという願いをもって，ブランコを中心に遊びを積み重ね，子どもから要求があったときは必ず応えるようにしていました．2回目の発達相談のときに，週1回自由遊びの時間にお母さんに園に来て子どもと遊んでもらうようにすすめました．短時間でしたが，ブランコを押してもらう，大きなボールの上に乗って揺らしてもらうなど，親子で関わりあって遊ぶことができました．

入園して２年目，４歳児となったＤちゃんに３回目の発達相談を実施しました．このとき特徴的だった姿は，「２個のコップ」の課題で，検査者がコップを動かした動作を自ら同じように模倣して，そのあとでコップを開けてにっこり微笑んだ姿です．物を操作するとき相手とその意味を共有しようとする10か月の力が芽生えつつあることがわかりました．お母さんからは，「最近，少し子どもとの心の通じ合いを感じ，子育ての自信がついてきた」という内容の話を聴くことができました．４回目の５歳８か月時の発達相談では，ボールのやりとりが成立し，積木を８個積んで嬉しそうに検査者を見るようになりました．いろいろな課題で，相手と活動を共有しようという10か月の力がしっかりと育っていることが確認できました．発達相談の前に１階の保育室から２階の相談室に移動しているとき，階段の下でお母さんを振り返り，お母さんの顔を確認して自分から手をつなぎ，階段を上りはじめる姿や，発達検査中に席を立ったとき，検査者よりお母さんの言葉かけにはよく応じて席に戻るなど，お母さんとの信頼関係がはっきりとみられるようになりました．発達相談の中で，親子の信頼関係がしっかりと育ってきたことを改めてお母さんと確認し合いました．その後も子育ての大変さはありますが，お母さんが笑顔でＤちゃんのことを語られることが増えていきました．

　次の事例は，発達相談の回を重ねる中で，子どもの育ちを確かめ合うだけでなく，今後の発達の見通しについても保護者と共に話し合えるようになった事例です．

　子どもの成長，発達を長い見通しの中で考えていくことはどんな親でも難しいことですが，まして，子どもに障害がある場合，目の前の「できないこと」「困ったこと」で悩みは尽きません．しかし，通園する保護者の多くが，子どもが卒園するころには，長い時間の見通しをもって，子どもの成長，発達を考えていくように変わっていきます．我が子の発達に正面から向き合う発達相談場面の中だからこそ，卒園前には，子どものこれまでの育ちを振り返り，これからの成長，発達への願いを保護者と共に確認し合いたいと思います．

【事例】　Ｅちゃんは，入園したころから，自分の興味あることは言葉で伝える

ことができていましたが，自分の見通しと違うとパニックになったり，いつも時間が気になって「いま，なんじ」と聞いてくる子どもでした．

　入園して２年目の４歳のときに，言葉の面では，新版Ｋ式発達検査の２歳半レベルの課題である「大小比較」に答えられるようになりました．「了解Ⅰ」の課題でも「さむいときはどうする？」の質問に「マフラーとコート」，「おなかすいたらどうする？」の質問に「きゅうしょく」と答えるなど，日常生活でよくある場面を仮定した質問に対して自分で言葉で返せるようになっていました．しかし，手先の不器用さがあり，描画でマルを描いてもうまく描けず，二重，三重のマルになったり，「トラック模倣」など２次元の積木の課題では，自信がないので初めから取り組もうとしない姿がありました．

　発達相談では，言葉の力と手指の力では発達の力に開きがあり，それがより本人の自信のなさにつながっていること，２歳半レベルの発達の特徴と自閉スペクトラム症という障害の特徴から次の時間への不安を強くもちやすくなっていることなどを説明しました．そして，子どもの細かな発達的変化をお母さんに伝え，励ますことを意識しましたが，お母さんからは，「パニックになったとき，すべて受け入れていてはわがままになるのではないか」「手先が不器用で食事の食べこぼしが多いが，本人は気にしていないようすだ」など，一つの場面をとらえての否定的な言葉ばかりが出てきます．その時期，Ｅちゃんは，保育の中では，豊かな言葉の表現を使いクラスのリーダー的存在として力を発揮したり，三輪車に乗るなどの全身を使った遊びが広がってきており，職員は確かな成長を感じていました．しかし，一方，家庭では，自分の思いと違ったときに生じるパニックの対応に家族が振り回されており，それは子どもの発達を実感できないほど大変なものであることが想像できました．

　３年目の５歳，年長児の発達相談では，言葉の面では，「大小比較」だけでなく，「長短比較」「性の区別」「重さの比較」などの課題も通過し，３歳レベルの発達の力を示しました．手指の課題でも，これまでモデルと同じものを作るのを拒否していた積木や描画，折り紙の課題に応じ，３歳レベルの力を発揮することができました．特に折り紙では，３回折って三角の形に折るまで検査者の援助を受けて粘り強く取り組みました．その数日後，保育室でお母さんと出会ったとき，「折り紙の七夕の飾りを，クラスでひとりだけ三角に折ってい

るんです．発達相談でできたのがうれしかったみたいです」と話されました．
入園してまる2年が過ぎ，5回目の発達相談の後で初めて，我が子が前向きに
取り組んでいる姿に子どもの願いを感じて，親としての喜びを語ってくれたの
でした．おそらく，家庭でのEちゃんは，その時期もパニックになったり，不
安なことがあると同じことを繰り返し尋ねたり，お母さんから見れば困った姿
もあったと思います．しかし，日々の保育の中で，Eちゃんは，いろいろな遊
びを楽しみながら，不安なことも担任の援助や友だちの存在を支えに乗り越え，
自信をつけていきました．お母さんの子育ての苦労に共感しつつも，そのこと
を担任は，連絡帳や参観，個人懇談場面で丁寧に伝えていきました．また，入
園して3年間子育ての悩みを共有してきた他のお母さんたちとの交流，そして，
そのお母さんたちからもEちゃんのよい姿を伝えてもらうことが，お母さんが
Eちゃんの育ちに自信をもつことにつながったと思います．

　その後，年長児の1年間は，お泊まり保育などのさまざまな行事に不安や葛
藤を見せつつも，自分のペースで乗り越え，無事卒園の時期をむかえました．
そして，最後の発達相談のときに，卒園，就学という新しい節目をむかえてパ
ニックを起こしがちなEちゃんを前に，お母さんは，「卒園や入学という変化
があるので，全体に不安定になっているけれど，また，落ち着くと思う」と，
長い時間の見通しをもって子どもの姿を捉え，子ども自身の力を信頼して見守
るようになっていたのでした．子育ての大変な苦労と我が子の願いがわかりに
くいという深い悩みを乗り越えてきたお母さんの言葉に私たち職員も励まされ
る思いでした．

（4）まとめ

　児童発達支援センターに通う子どもたちは，障害も重い場合が多いことから，
その多くが，2年，3年と毎日センターに通い，保育や，リハビリなどの療育
を受けています．そのような子どもたちを前に，発達相談場面で見られる姿を
どう評価したらよいのか途方に暮れることもあります．しかし，だからこそ，
担当者がひとりで悩むのではなく，保育の担任やリハビリのスタッフなど子ど
もをとりまく職員集団で子どもの多様な姿を議論し，子どもが発達へのどんな
願いをもっているかを共有して関わっていくことが大切になってきます．また，

そのときの姿の検討だけではわからないことが，1年前，2年前の子どもの姿を議論の中で振り返ることでみえてくることもあります．職員が共通に子どもの発達課題を捉え，確かな願いをもって毎日関わっていくことで，子どもの見せる姿は確実に変化していきます．発達相談は，職員集団にとって，子どもの発達への願いを共に考え合い，療育実践をし，また，子どもの姿を確かめ合って共有していくという療育の専門性を高めるための大切な契機となっています．

　そして，子どもの変化は保護者に，子どもが発達への願いをもっている存在としての実感を与えます．通園年数を重ねるうちに保護者の思いの変化もみえてきます．センターは，親子保育があったり，保護者付き添いのリハビリがあったりと，どの職種の職員も，子どもだけでなく保護者とも長い期間深く関わります．さまざまな職種で保護者支援についても集団的に議論していくと，それまでわからなかった保護者の思いや置かれている状況がみえてくることがあります．保護者支援の専門性を職員集団として高めていけるのも，センターの職員ならではの利点です．

　最近では，児童発達支援センターの職員は，センター内の通園療育だけでなく，保育所等訪問支援や障害児相談支援をはじめとする他の児童発達支援の部門でもその専門性を発揮することが求められるようになっています．職員集団として子どもの願いや保護者支援の在り方を確かめ合ってきたからこそ身につけてきた力量が，保育所や学校，他の発達支援事業所においても，さまざまな立場の職員と議論し助言することを可能にしています．また，多様な環境に置かれている保護者の思いに寄り添いつつ，子どもにとってのより良い支援を考えることができるのです．

　このようにみると，地域全体の障害児支援が充実していくためにも，児童発達支援センターは通園療育の質を高める努力を一層続けていかなければなりません．通園療育の中の発達相談の役割もさらに期待されているといえるでしょう．

（高橋真保子）

文　献

別所尚子・竹内未央（2016）大津市における乳幼児健診と子育て支援．障害者問題研究，44(2)，pp.34-39.

近藤直子（2015）ステキみみつける保育・療育・子育て．全障研出版部．

西原睦子（2016）大津市の発達支援について．発達障害児の発達支援と子育て支援．瓜生淑子・西原睦子・大津発達支援と子育て支援を考える会編，かもがわ出版．

西原睦子（2018）子育て支援に位置づけた大津市の1歳前半の親子教室．療育って何？，近藤直子・全国発達支援通園事業連絡協議会編，クリエイツかもがわ．

白石惠理子（2016）「1歳半の節」と発達保障．障害者問題研究，44(2)，pp.2-9.

全障研障害乳幼児施策全国実態調査委員会（2000）自治体における障害乳幼児施策の実態．障害者問題研究，29(2)，pp.4-31.

2章　学校教育と発達診断

櫻井宏明

　発達診断を教育実践にどう生かしたらいいのかを，肢体不自由の子どもたち，障害が重度の子どもたちの実践事例を通して考えてみたいと思います.

1　実践の中での子ども理解と発達診断

（1）子ども理解は子どもとのふれあい・かかわりから

　教育実践は子どもの理解からはじまります. しかし，子どもを理解することはやさしいことではありません. まして子どもに重度の障害のある場合はなおさらです.

　発達診断とは，子どもが外界に表出する行動を手がかりに内面にある発達の水準や潜在する能力を推定することです. 子どもの内面を理解するために標準化された各種の心理検査などを利用することもありますが，学校では日常的な実践を通した観察と教師集団での検討がより重要です. 学校における発達診断とは，教育実践を通じて表面にあらわれた表出や行動を手がかりに，子どもの内面を生活の文脈の中から読み解くことといえるのではないでしょうか.

　子どもの内面をいっぺんにわかることはできないので，教育現場では子どもとのかかわりの中で徐々に理解を深めようとします.「かかわりの中」とは，観察することだけでなく仮説をもってはたらきかけること，すなわち実践的なはたらきかけも含みます. 茂木（2012）は，「教師は子どもと共感関係を成立させながら発達を支援し，子どもの内部にある力を引き出しつつ，その子について知り，理解し，共感と信頼の関係をさらに深める」と言っています. 一度とらえた子ども像は常に補足・補充され，修正され，しだいに子どもの理解が

深まるのです.

　子どもからの積極的な発信が少ない障害が重度の子どもの場合，教師は子ど
もの微細な動きや表情などをとらえる必要があります. その手段や方法はさま
ざまで，脈拍や呼吸数，血中酸素飽和度など生理的指標を手がかりとすること
もあれば，筋緊張の亢進などを手がかりとすることもあります. それらをもと
に，その子の障害や生活の実態に配慮しながら解釈することで，発達の水準，
潜在能力，困難さなどを推測します. さらに教師は現象の奥にある葛藤や感情，
考えや考えとしてまとまらない思い，意欲なども理解しようと努めます.

（2）子ども理解の方法

1）子どもの行動には必ず理由がある

　子どもとふれあいながら，どのように子ども理解を進めたらいいのでしょう.
　まず，子どもの行動を観察し，記録します. 子どもの行動には，私たちおと
なの論理とは異なる場合もありますが，必ず理由があります. 前後とのつなが
りで行動を解釈するように心がけます. そのために具体的な事実，エピソード
をできるだけ詳細に記述するようにします. はじめは観察の記録に時間がかか
るでしょう. しかし，経験や知識が増し，子どもの理解が深まるにつれて重要
なポイントがおさえられるようになり，時間は短縮されます.

2）仮説をたてて，はたらきかける

　教師はただ単に観察するだけでなく，はたらきかけを行い，その前後の子ど
もの反応・応答を手がかりに子どもの内面を推測します. このとき，表面にあ
らわれた子どもの行動の事実を素材とはしますが，それだけを切り離して数量
化して取り出すことは子ども理解を見誤らせます.

　そこで，子どもの行動を発達的に理解するというプロセスが必要になります.
「発達的に理解する」とは，共通な発達のみちすじにてらして子どもを理解す
るということと，子どもの「〜したい」という思いと外界とのかかわり方を切
り離せない単位としてとらえるということです.

　そのうえで，仮説をたてます. どのような教材を用意したらいいのか，どの
ように友だちとのかかわりをつくっていったらいいのかなど実践的はたらきか
けの方針・方向性を決めるための仮説です. 仮説なので，はじめから完璧なも

のである必要はありません．間違っていることもあるかもしれません．仮説は，教育的かかわり，すなわち教育実践を通して検証され，修正されます．ただし，ここで注意したいのは，教育実践はいわゆる「実験」ではないということです．結果的に失敗することはあっても，教育実践において教師は常に最善・最良と考えられるはたらきかけを心がけるものであり，好ましくないと考えるはたらきかけは，はじめから排除されます．

3）集団で検討する

　子ども理解に日常的な情報共有や実践のふりかえりは重要な役割を果たしています．一緒に実践する同僚と日常的に子どものことを語り合います．そうしたなかで自分の気づかなかった子どもの姿を知ることができ，ときには自分では「問題行動」として否定的に見ていた行為の中に，子どもの「発達要求」が隠れていることに気づかされることもあります．

　さらに，校内の研究会・授業検討会などではビデオ記録が多く活用されます．ビデオ記録を活用すれば，実践を担当する教職員集団だけでなく，より広範な教職員と一緒に子ども理解を深めることができます．その場合，カメラのフレームに収まりきらない子どもをとりまく環境や，「できた・できない」だけでなくそのプロセスに配慮しなければならないことは言うまでもありません．

2　アセスメントと発達診断

（1）個別の支援計画・指導計画とアセスメント

　障害による特別な教育的支援が必要な子どもには個別の教育支援計画（支援計画）と個別の指導計画を作成することになっています．個別の教育支援計画とは学齢期における個別の支援計画のことで，医療・保健・福祉・教育・就労等の関係機関が連携し，幼児期から就労まで一人ひとりのニーズを正確に把握し，一貫した適切な支援を目的として策定されるものです．一方，個別の指導計画とは学校において教育指導を行う際の個人ごとの計画のことです．

　これらの作成にあたって子どものアセスメントが求められるようになりました．アセスメントとは保育や教育などの実践の指導方針を立てるために事前に行ったり，その効果を確かめるために事後に行ったりする評価のことで，その

目的は子どものねがいや困難さを理解するための仮説をたて，指導の中心的課題を探ることにあります．個人の発達や障害の「事前評価」の意味で用いられることが多いアセスメントですが，本来は，個人の「発達や障害に関するアセスメント」だけでなく，生活の実態や生育歴などといった「環境に関するアセスメント」も含まれます．前者を「狭義のアセスメント」，包括したものを「広義のアセスメント」と呼ぶこともあります．個別の発達検査などは狭義のアセスメントの手法の一部です．

（2）アセスメントに心理検査等を利用する際の注意点

今日，教育現場では教育計画の策定のためのアセスメントにおいて，「エビデンス・ベースド」（根拠にもとづく）が強調され，標準化された個別の心理検査（知能検査や発達検査）が重視される傾向が見られます．標準化された個別の心理検査を利用することで，経験的に子どもを把握するだけではそれまで気づいていなかった子どもの実態を発見することができるという利点があります．しかし，検査だけで子どものすべてをわかるわけはありません．また，肢体不自由や障害が重度の子どもの場合にはその利用にあたって留意しなければならないことがあります．

1）心理検査を利用するにあたっての一般的な注意点

まず一般的なことですが，心理検査で子どものすべてがわかるものではないということです．子どもの活動を理解するためには日常的な観察と，発達的な推測が必要です．

たとえば子どもの「〜したい」という思い（意志）は検査結果から直接知ることはできません．なぜなら心理検査は子どもの認知を意志と切り離してみようとするものだからです．検査結果は，検査場面の行動，日常生活場面でのようす，生育歴等の情報を関連づけて総合的に解釈する必要があります．

また，子どもの活動を理解するためには発達段階を押さえておく必要があります．発達段階とは子どもの外界とのかかわり方を質の変化によって区分したもので，その段階での特徴が活動の広がりの可能性や次の段階への発展の方向性を示してくれるからです．発達検査で得られるのは検査課題ができる標準的な「年齢」と「発達指数」なので，発達段階の特徴については発達心理学の知

見が必要となります．「できる・できない」だけでなく，活動の過程や教師や友だちとのかかわり方などの中に子どもの内面を知るうえでの大きな手がかりがあります．

さらに，検査結果から教育内容を直接導き出すことはできないということです．個別の検査結果から直接に実践を導き出そうとすれば，多くの場合に，教育実践をできない検査項目の訓練に置き換えるようなことに陥りかねません．教育内容を考えるときには，本人や保護者のねがいをもとに「どんな子どもに育てたいのか」，文化や自然などから子どもの発達段階を考慮してどのような教育内容を選択して教材として配列するのか，どのような集団を保障して教育課程を編成するのかなどを教師集団として検討する必要があります．

2）肢体不自由という障害があることによる注意点・配慮点

肢体不自由という障害がある場合にはさらに注意が必要となります．肢体に障害があるために，認識発達とからだ・運動の発達とのずれが大きく，検査結果からだけでは子どもの中心的課題がとらえにくいからです．その結果，全体像がとらえられない課題だけを並列しただけのモザイク的な子ども理解となり，検査結果が指導に結びつかないということになりかねません．

3　学習意欲を取り戻したダイスケさん

発達診断を教育実践に生かすとは，「できないこと」を「できるようにする」ために子どもの発達の水準を推定し，それに合わせた学習課題を設定することなのでしょうか．

ある年の9月のことです．肢体不自由特別支援学校の高等部で，1年生の男子ばかり4人の学習グループで国語を担当している教師からダイスケさんについての相談を受けました．相談内容は「文字の読みの学習をしてきたが，4月当初には学習に向かう姿勢がほとんど一緒だった4人の中でダイスケさんだけが学習に消極的になったようにみえる．『い』と『こ』など形が似ているひらがなについて問われると自信のないしぐさを見せる．わからないということをとても気にして，教師の励ましの言葉にも顔をあげない．それでいて，友だちのことはとても気になるようだ．最近はひらがなの読みの学習を避けるように

なり，ほかの３人が学習の準備をしていても教室の外に出てしまう．学習内容が彼に合っているのだろうか」というものでした．

ダイスケさんはひとりで車いすでの移動ができ，ものをつかむときに手指が少し震えますが鉛筆で描くこともできました．自己主張のやや弱いことは気になりましたが，日常の会話は不自由なく，周りの人に気を遣うこともできていました．また，音節の分解ができ，いくつかの文字も知っていました．国語担当の教師は学習課題が合っていないから学習を避けているのではないかと考えていましたが，そうしたようすを見るかぎり，学習内容が適していないようには思われません．

私たちは，指導の手がかりを得るためにさらに彼の内面を探る必要があると考えました．私は国語だけに限らずに，知能検査や発達検査などの課題から推定される発達段階の特徴と日常生活の中で観察されるようすとを重ね合わせることで，ダイスケさんの実態や課題を見直してみることを提案しました．

（1）ダイスケさんの内面を探る

担当教師は彼の発達年齢を５歳くらいと推定し，WISC（ウェクスラー式知能検査）を実施していました．検査結果によれば発達年齢は「５歳未満」．私たちは検査結果を分析し，ダイスケさんの発達的特徴を，「細かい部分を観察することが苦手である．生活経験が不足し，語彙が少ない．時間の経過や空間のつながりに沿って順序立てて考えていくことが苦手である」と推論しました．さらに私は発達段階を推測するために次のような机上の課題に取り組みました．もちろん彼が抵抗を示していた「学習」以外の時間で行いました．

その中で，図形の模写について述べます（図１－１）．①②③を見ながら模写したのが❶❷❸．△と□の角は，はじめははっきり描けない部分もありましたが，さらにもう一度描いてもらうと，はっきりとしてきました（図１－２）．

図２－１は円の系列化の模写．④のモデルを示し，「小さい丸から，だんだん大きくなる丸を順番に描いてね」と指示して描いたのが❹です．次に，モデルは示さず，指示だけで描きました（図２－２）．円の横へのふくらみに欠けますが，しだいに大きな円を描こうとするようすがうかがえます．

モデルの描画を見ながら縦と横の異なる方向を区別しつつ，鉛筆の方向を制

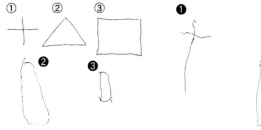

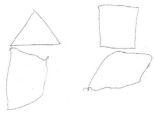

図1-1　図形の模写（1）　　　　　　　図1-2　図形の模写（2）

図2-1　円の系列化課題（モデルあり）　　図2-2　円の系列化課題（モデルなし）

御して描こうとしています．また，自らの表現を見つめて，修正し，もっと上手に描こうとしています．系列化の課題では中間の概念が育ってきて，言葉でも活動を調整しようとしています．

　こういった特徴から，自分を対象化し，こうありたい自分になろうと自己修正できる段階だと推測されます．

（2）ダイスケさんの内面を考え，学習内容を見直す

　国語の学習を避け，教室から出て行ってしまうダイスケさんの行動にも必ず理由があるはずです．

　日常生活の中で，ダイスケさんは「自信がないことに対して消極的で，自己主張が弱い」こと，「大きい自分」「よい自分」を示すように「友だちに対して指示するような言い方をする」ことなどが見られました．こうしたことに対し，私たちは，自らを対象化し，周りの期待や評価に応え，こうありたい自分になろうとするが，思うようにできないときに「へたな自分」「遅い自分」ばかりを感じ，友だちと比較してできない場面では気後れしてしまうのではないか，と仮説を立てました．そのうえで，彼の「揺れる心」に共感し，寄り添う姿勢

で国語の学習や学習集団，さらには教育課程も含めて検討することにしました．

　もっとも重要なことは「自信をもたせ，意欲を高めること」と考え，文字の学習もそうした観点で見直しました．２つの文字を判別する学習では，似た形の文字の組の細部に注目して識別することから，全く違う形の文字の組を識別することに変え，友だちと比較した「できる自分」ではなく，過去の自分を振り返って「できるようになった自分」を実感し，自信をもてるように配慮しました．読めなかった文字が読めるようになってきたことが自信になりました．

　さらに，私たちは国語などでダイスケさんに机上の課題ばかりを強いて，「やりたい」という意欲を削いできたのではないか，できることを増やすことだけに目が向き，教師や友だちとの関係が育つことを軽視していたのではないかと反省しました．発達の土台となる「やりたい」という意欲が育つように，教科に限らずに主体的，意欲的に参加する活動を学習に組み入れることにしました．あわせて，学習集団についても，学習課題が似ているという視点で競い合う学習集団を編成してきたことが，結果的に「できない自分」ばかりを感じさせていたのではないかと話し合い，年度途中ではありましたが，彼がリーダーとして力を発揮できる集団での活動も保障することにしました．

（3）学習面での変化

　こうした取り組みの結果，けっして獲得した文字数は多くないのですが，いくつかの文字の中から言葉で指示されたものを選べるようになっていきました．また，たとえ間違っていても自信にあふれて学習する姿が見られ，学習に対する意欲が高まりました．そして，生活の場面でも文字に興味を抱くようになっていきました．学習において子ども自身が試行錯誤しながら自ら学ぶということを保障することは重要です．

　発達診断から発達の水準を推定できたとしても，直接的に教育課題を明らかにしたり，教育実践を導いたりすることはできません．ダイスケさんの場合には，「もっと読み書きができるようになりたい」というねがいをもとに「自信をもって意欲的に学習に向かえる」ために学習内容を見直し，リーダーシップを発揮できるような集団も保障しました．子どもの発達段階と生活を考慮して「どのような教材を準備するのか」，「どのような集団編成をするのか」など，

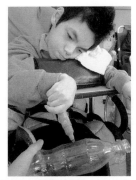

写真1　手を伸ばしてマーカー
で描くコウジさん

写真2　階段をのぼるユキさん

教職員集団による授業づくりや教育課程編成に関する検討が必要となります．

4　障害が重度の子どもの発達診断の難しさ

　発達の水準を推定するため，通常の乳幼児期では姿勢や運動，ものの操作などの非言語の指標が用いられます．非言語の検査法も開発されています．しかし，肢体不自由によって運動や動作が大きく制限を受ける障害が重度の子どもの場合，行動が必ずしも「内面にある発達の水準や潜在する能力」を反映しているとは限りません．検査項目の「できる・できない」だけで発達を測ることができず，既存の検査法だけでは実態の把握が困難です．

　障害が重度の子どもとかかわっていると，一見しただけでは知的にも「重度」な障害があると思われがちなのですが，発達検査の結果以上にいろいろ「わかっている」と感じることがたびたびあります．

　コウジさんは重度の脳性まひの高等部1年の男子生徒でした．首がコントロールできないので，車いすに座るときも背中で体重を受けるような姿勢をとっていました．腕は体幹の方に引きつけて硬直しているので，自ら外界にはたらきかけることはほとんどありません．身体だけで判断すると，最重度の生徒のように思われました．しかし，日常的に接している教師たちは，おとなの会話を聞いているような彼に，「何となくわかっている」という印象をもっていました．それでも随意的な手の動きが見られないので，普段の授業の場面で教師

たちは，本人の意図とは関係なく，腕を体幹に引きつける彼の不随意の筋緊張の動きを利用して，ひもを引かせてものを動かしたり，電動工具のスイッチを入れさせたりしがちでした．

　あるとき，ペットボトルに油性マーカーで描く活動をすることになりました．そのとき担当することになった私は彼の姿勢を変えてみることにしました．車いすのテーブルにクッションを置いて胸で体重を受けるようにし，前傾姿勢をとらせました．彼の右手にマーカーを持たせ，彼の視線が注がれる下方にペットボトルを差し出してみました．すると，体幹に引きつけていた腕の筋緊張がゆるんだだけでなく，意図的に腕を伸ばし，マーカーを動かして描くことができたのでした（**写真1**）．車いすでの座位保持が楽にとれるように姿勢を変えたことによって，彼の外界へのはたらきかけ方が変わったのです．

　これとは逆に「抵抗」が加わることによって子どもの潜在的な力が引き出されることもあります．ユキさんは普段，床に額をつけたまま四つ這いをしています．額が床にすれる感覚を楽しんでいるような行動で，目標をとらえた移動には見えません．しかし，遊具の階段を登る場面では，階段という抵抗が加わった途端，ユキさんはしっかりと顔を上げ，頂点に視線を向け目標をとらえた高這いができます（**写真2**）．子どもたちはいつも自身の一番高い水準の発達の力を発揮して生活しているわけではありません．外的条件が変われば発揮される力も変わるのです．

　また，障害が重度の子どもの場合には健康状態など内的条件の影響を受けやすく，常に安定的に力を発揮できるわけではありません．子どもたちの活動は日々変化する生理的な状況によって変わります．毎日，顔色や表情，バイタルサイン（体温，脈拍数，血中酸素飽和度など）などで体調を把握しておくといいでしょう．バイタルサインは一般的な値と比べるのではなく，その子どもの普段のようすと比べることが重要です．

　障害が重度の子どもの発達段階は，外界にあらわれる子どもたちの表出や行動などの現象面だけに惑わされずに判断しなければなりません．発達検査でとらえるために白石正久（1996）は言語での問いによって，子どもの概念形式や思考の特徴をとらえる方法を提起しています．また，日々の実践的なかかわりの中で事実に基づいた集団的な検討を通じて，生活実態や障害の特性と重ね合

わせながら行動の発達的な意味を解釈し，発達段階を推測することが重要です．子どもの行動の現象面だけをとらえるのではなく，その行動の発達的な意味を解釈した子ども理解が必要となります．

5　障害が重度の子どもの行動をとらえ直す

　障害が重度の子どもの場合，子どもの内面は表出される微細な動き，不随意な筋緊張，視線などに反映されています．また，発達の特徴的な行動も違った形で発現していることがあります．発達の理解を深め，子どもの行動をとらえ直すことで，子どもの理解を深めます．

（1）定位的活動の獲得の検討

1）積木を入れたヒロさん

　ヒロさんには脳性まひによる四肢の障害に加え，知的障害と聴覚障害がありました．小学部1年生入学当時のようすは，移動は腹ばい，自分の好きなところへは一直線に向かうのですが，体幹を支える肘や背中の筋力が弱く，這うたびに頭を床にぶつけてしまいます．周りのようすは見ていますが，教師と顔を見合わせて笑うことがありません．近くにあるものには手を伸ばし，からだの脇まで引き寄せますが，新たに視界に入ったものに興味が移ると，そこで放してしまいます．

　学校でのさまざまな活動を通して，しっかりと肘で体幹が支えられるようになり，おとなからのあやしに応えて声を出して笑うようになっていきました．

　2年生になった6月のある日，給食を待つ間にヒロさんが目の前にあった洗面器に積木を入れました（**写真3**）．それから，それがたまたまできたのではないことを証明するかのように何度も繰り返し積木を入れたのでした．

　このような，渡す，積む，入れるといった定位的活動は通常の発達年齢では10か月以降にみられます．ヒロさんに「10か月の発達の力」が備わってきたと推測しました．実際にこのころ，多くの教師から「ヒロさんが変わった」という声が聞かれるようになっていました．それは，それまでは目の前のものを次々につかんでは放っていたのに，握ったものを視界にしっかりとらえるよう

になったとか，箱から取り
出したティッシュペーパー
を教師の「ちょうだい」と
いう動作に応えて，相手の
顔を見て手渡せるようにな
ったとか，いうものでした．

写真3　積木を入れるヒロさん

2）学部研究での教職員による集団的検討

　校内の実践研究の一環として，学部単位で年度ごとのテーマを設け，実践研究を行っていました．それは，実践を担当する教師集団だけでなく，より広範な教師集団であらためて子どもの実態を検討し，子どもの発達と学習の課題を深めるよい機会となっていました．

　このときの小学部の研究テーマは「乳児期後半の発達段階にある肢体不自由児の発達」というもので，関係する学習グループの事例報告を検討することとなりました．私たちのグループではヒロさんが定位的活動を獲得したプロセスを報告することにしました．

　10か月ころの発達的特徴は，ものともの，ものと人，人と人をむすびつけるようになる．おとなだけを見るのでなく，おとなの動作や持っているものにも注目できるようになる．おとなの意図を理解し，叱られたことがわかるようになり，おとなからのはたらきかけに応えようとする．そして，時間的，空間的に間接性をもった世界が成立しはじめ，道具やその他のものを見て，あるいは音楽や言葉を聞いて，何をやるのかがわかるようになる．言葉やシンボルが成立しはじめる，と言われています（田中昌人・田中杉恵，1982）．

　定位的活動が獲得されるまでの乳児期後半のものの操作の順序性を，田中昌人（1985）は，「①両手でものを持ち，内へひきつけてはなせない，②左右の手に交互に持ってはなして，ものを散らかす，③正面に定位する」としてとり出しています．こうした発達の共通性をふまえつつ，肢体不自由があるための特殊性について検討しました．

　ヒロさんは重度の脳性まひのために，自力で座位をとることができず，日常的には腹臥位で過ごすことが多く，両手が自由になることがありません．1年

写真4　タンポで描くヒロさん

写真5　絵筆で描くヒロさん

生のときは，片手で持つことはあっても，正面で両手を合わせることは困難で，持ちかえる操作は見られませんでした．入れようとする，積もうとする，渡そうとする「定位的調整」をうかがわせる行動もほとんどなかったのです．

　しかし，事例報告をまとめるにあたって，学習グループを担当する教師集団であらためて授業中の写真や動画などを手がかりに丁寧に検討していくと，1年生の3学期ころから自分の目の前を活動の舞台とするようになっていたヒロさんの姿が確認されました．

　写真4は1年生の3月の写真です．車いすに座って，右手にタンポを持ち，視線を紙に向け，タンポを打ちつけて描いています．**写真5**はその2か月後，2年生の5月の写真です．左手で絵筆を握って，紙からはみ出すほどに前後左右に大きく動かしています．このとき視線は筆が描いた軌跡を追っていました．

　ものを「正面に定位する」ことそのものではありませんが，自分の目の前を活動の舞台としてタンポや絵筆を操作する活動もある意味で「正面に定位する」ことと考えるならば，このヒロさんの活動の中に定位的活動の萌芽を見て取ることができます．

　この事例の実践研究から私たちは，子どもの行動を発達と障害を合わせて理解しようとすることが重要であることを学びました．さらに，乳児期後半の段階では座位姿勢が重要であり，姿勢保持が困難な障害が重度の子どもの授業場面では姿勢保持椅子や車いすなどを有効に活用して，活動しやすい座位姿勢を保持する必要があることを確認しました．

（2）動作模倣の検討　「あらって，あらって」

発達年齢10か月ころになると，定位的活動と合わせて動作模倣も見られるようになりますが，重度の肢体不自由児の多くは動作模倣の獲得に困難を抱えることになります．

　ところで，動作模倣の発達的な意義を「おとなだけではなく，おとなの動作にも注目ができ，おとなの意図を理解し，それに応えようとすること」とするならば，手遊びなどの模倣そのものは困難でも，おとなの出した手に子どもが手を添えようとすること，意識して動かそうとした手に不随意の緊張が入ることなども「模倣と同じ発達水準を示している行動」と，とらえることはできないでしょうか．

　「あらって　あらって」の手遊びを例に考えてみます．「あらって　あらって」は，教師と子どもが向かい合って両手をつなぎ，わらべうたにあわせて手を動かす遊びです．子どもの上肢にまひがある場合などは動かせる範囲内で動かします．この遊びを続けるなかでユキさんは教師が手を回す前に自分からほんの少し手を動かすようになってきました．その動きは微細なので，手をつないだ教師だけが感じとれるだけでした．一方，脳性まひのヒロさんはおとなからのはたらきかけに応えようとして，腕の筋緊張が高まり動かなくなりました．

　このように，子どもの内面は，表出される微細な動き，不随意な筋緊張，視線などに反映されることがあります．教師たちは子どもの行動観察を手がかりとして，その行動の奥にどのような能力が育ってきているのか，どのような可能性や潜在能力をもっているのかを理解しようとします．このときに教師に必要なことは，子どもの内面に寄り添って理解しようとする姿勢，発達的視点，事実に基づいた集団的検討です．

（3）教材や活動についての発達的意義の理解を深める

　数年前，ある肢体不自由の特別支援学校で小学部の音楽の授業を見学したことがあります．リーダーの教師がトーンチャイムを鳴らし，その振動を子どもの手へと伝えました．つぎは逆に，近くの教師に援助してもらいながら子どもがトーンチャイムを鳴らして，その振動をリーダーの教師に伝えます．肢体不自由があって，ものの受け渡しをするのが困難な子どもたちです．ここで教師と子どもとの間で手渡されるものは「もの」ではなく，表面的にはトーンチャ

イムの振動や音なのかもしれません．しかし，その間で手渡されていたものは音を楽しむ「気持ち」だということもできるのではないでしょうか．ものの受け渡しはなくても，相手を意識して「気持ち」を渡す「定位的活動」を育てるねらいの授業と言ってもいいと思います．

6　子どもの発達課題の理解と授業づくり

　障害が重度の子どもたちの場合，すぐに変化が見られることは少ないかもしれませんが，授業や生活の中で子どもの発信を丁寧に受けとめ，発達課題に目を向けて継続的，意図的にはたらきかけることによって発達を保障することができることを，ヒロさんの事例が示してくれています．

　ここでいう「継続的，意図的」はたらきかけとは，定位的活動だけをとりだし，「入れる・積む・渡す」といった操作を繰り返し訓練することではありません．それでは，たとえ形式的に「ものの操作」を獲得したとしても，「渡したい・積みたい・入れたい」という子どもの気持ちは育たず，定位的活動の獲得に代表される「10か月の発達の力」が獲得されたことにはなりません．

（1）発達課題に合った教材を選択する

　学習の主体は子どもです．授業づくりにおいて，子どもにかかわりたい，学びたいという意欲が育つことが何よりも大切なことです．そのためには，子どもの発達課題に応じた教材や授業を用意し，教師の適切な援助を受けて子ども自身ができることで，「もっとやりたい」という意欲が育つようにします．

　乳児は，箱にものを入れることを獲得する前におとなの口に食べ物を運ぶといわれています．そこで，定位的活動を促す目的で考えた授業が「はらぺこあおむしくん」です．絵本の『はらぺこあおむし』（エリック・カール作）をもとにした授業で，腕までかくれるあおむしの人形を自作し，その口に子どもたちが食べ物の模型（ときには本物）を運び，食べさせます．必要に応じてあおむしの方から子どもの持っている食べ物を迎えにいくこともできます．

　あおむしを操る教師が「おなかがぺこぺこなんだ．何か食べたいなぁ」と言いながら子どもたちに近づきます．子どもたちは近くで支援してくれる教師か

ら渡されたものを受け取って食べさせたり，いくつか用意した食べ物の中から自分で選んで食べさせたりします．

こうして満腹になったあおむしは，静かな BGM を

はらぺこあおむしくん

聴きながら布団にもぐって眠り，やがて蛍光色の布を羽根にした華麗な蝶の姿に変態し，子どもたちにお礼を言いながら飛び去るという展開です．

（２）一歩先の発達的課題も含める

ここでいう「発達課題に応じた」とは現在の発達水準に合わせるというだけではありません．発達のすじみちに立って一歩先の課題を含んでいることも必要です．当初この授業では定位的活動を授業の中心的な課題として想定したのですが，実践を重ねるうちに，子どもが食べさせたいものを「選ぶ」ということも学習課題として位置づけるようにしました．教育実践を豊かに展開するためには，一つの授業の中にある程度の発達差に対応する課題が含まれていることも必要だと考えます．

（３）障害や生活に配慮する

意欲を高めるために，障害に配慮することは授業づくりの大切な視点です．

肢体に重度の障害があると，子どもは生活の中で「してもらう」ことが多くなりがちです．授業の中でも，ともすると手を持たれて活動を「やらされている」ことがあります．こうした活動では達成感が少なく，子どもの意欲は育ちにくいといえるでしょう．活動を自主的なものにするためには子どもたちの自発的な動きが引き出せるように考えなければなりません．わずかな力でも操作できるような工夫をします．「はらぺこあおむしくん」では，必要に応じてあおむしの方から子どもの持っている食べ物を迎えにいくような展開にしました．

逆に，ときには教師が手を添えて一緒に活動することも必要です．たとえば発達年齢10か月前後では「入れたいけれど，入れられない」「渡したいけれど，

渡せない」というように，「意図（したい）」と「動作（できる）」の間に矛盾が生じやすいのですが，肢体障害のためにさらにこの矛盾が増幅されることがあります．こうした場合，子どもの気持に寄り添いながら教師が手を添えて一緒に活動を行います．

さらに教材選択では子どもたちの生活実態に配慮することも必要です．あおむしに食べさせる食べ物としてその子になじみのある身近なものを選びました．ときには匂いや香りのある本物のくだものなどを用意することもあります．

（4）教師との関係や集団を大切にする

発達年齢10か月前の子どもには「ことば」による指示だけでは十分に伝えることができないので，直接的なふれあいや表情など言語以外のコミュニケーション手段が重要となっています．

授業内容を子どもが「わかる」ためには，教師と子どもの共感関係の育ちを基盤にして授業が成立することが重要です．授業のリーダーは子どものペースを大切に，丁寧に一人ひとりの子どもの反応を確かめながら授業を展開します．

障害の重い子の場合，子ども同士では関係を結びにくいので，授業展開において教師との関係だけしか考慮されない傾向があります．しかし，適切な教師の支援があれば友だちへと関心を寄せることが可能です．また，集団として授業を展開することは，次の発達段階の課題である「三項関係」の基盤を築いていくうえでも重要なことです．

7　実践における発達診断・アセスメントの留意すべき傾向

今日，教育現場ではアセスメントや教育評価において「エビデンス・ベースド」（根拠にもとづく）が強調され，子どもの表面にあらわれる行動のみを指標としようとする傾向が強まっています．そのことが子どもの理解をゆがめるだけでなく，教師としての成長を阻害するなど教育現場にさまざまなゆがみを引き起こしています．

教育現場における発達診断・アセスメント活用に関するいくつかの心配な傾向について考えてみたいと思います．

（1）表面的な子ども理解にとどまる傾向

　障害の重い子の授業で，「子どもの笑顔の回数を授業の評価基準にしている」という話を聞きました．「楽しんで活動している」ことは客観的に測定することができないので，数えることのできる笑顔の回数を評価指標にしなければならないのだそうです．

　教師のはたらきかけが，子どもの笑顔の「反応」をより多く，より大きく引き出そうとして，より大きく，より強い「刺激」を与えるということにならないか心配です．そのようにして引き出された子どもの「笑顔」は「コミュニケーションの手段として笑顔」に育っていくとは限らないからです．

　そもそも，子どもたちが外界からのはたらきかけを受けとめ，外界へはたらき返そうとするときの表情は「笑顔」とは限りません．**写真6**はジューサーにつないだ外部スイッチを操作してジュースづくりをしているアキラさんです．彼の表情は笑顔ではなく，活動に興味をもって，ジューサーの動きに視線を向ける真剣な表情です．

　笑顔の回数を増やすことに価値があるわけではありません．子どもの発する「笑顔」を手がかりとして，粘り強く，丁寧な教育実践を積み重ねながら，情動的なコミュニケーションを成立させることにこそ教育的価値があるのです．

　この他にもアセスメントにおいて数量化できる評価指標のみを使用するということになれば，活動の過程で子どもが「ためらったり」，「たじろいだり」する「揺れる心」などは数量化できないもの，評価の難しいものとして排除されてしまいます．さらに，教師が直接管理できない子ども同士の関係や子どもの実態における複雑で測定しにくい部分は捨てられて，子どもの理解は個別的で，表面的なものにとどまる危険性があります．内面を深くとらえない表面的な子ども理解からは，中心的課題をとらえた指導方針は導き出せません．

（2）指導と結果を短絡的に結びつける傾向

　指導目標が，発達課題とは切り離され，短期間で目に見える成果が期待できそうなものだけに偏りがちです．単純なスキルや機能の形成など子どもの行動変容が目標となれば，子どものやりたいという気持ちも，発達のみちすじも，

写真6
ジューサーのスイッチを操作するアキラさん

教育的価値も考えずに，繰り返しの訓練で短期的に成果を上げようとした指導に陥る危険があります．極端な例だとは思いますが，発達診断のテスト課題そのものを授業に持ち込んで，できないテスト課題を繰り返し強いる個別指導が展開されることがあると聞きます．

　子どもの発達を保障する指導とは，子どもが学習の主体者として，子ども自身が試行錯誤したり，教師や仲間との関係を深めたりしながら学び，その中で発達できるように学習を組織するものではないでしょうか．

（3）PDCA サイクルの問題

　教育実践に目標管理手法の PDCA サイクルが取り入れられています．PDCA サイクルとは，もともと製品の品質を管理する手法です．Plan（計画），Do（実施，実行），Check（点検，評価），Action（処置，改善）の4段階の頭文字をつなげたもので，これを繰り返し，サイクルを向上（スパイラルアップ）させることによって継続的に業務を改善しようとする考え方です．

　一見，科学的な手法に見えますが，最大の問題はここでの「目標」が子どもの実態から設定されるものではなく，先に外部から恣意的に設定されたものであるということです．これでは現場の教師が子どもの内面を本質的に理解し，子どもの「真のニーズ」をつかんで目標を設定する必要はなくなります．子どもの実態のとらえ方が，子どものできないこと・弱点ばかりに目を向けたものとなり，子どもの全体像が把握されないという懸念があります．指導も，中心的課題を導き出し，そこにはたらきかけるということではなく，モザイク的，並列的な課題に個々に対応するということになります．

　さらに，実践や評価はその「目標」内に限定され，「目標」そのものが検証されないということになるので，子どもに対して一方的に変容を迫る指導となりがちです．教師が子どもに対する認識を変えて，「子どもと出会い直す」ことなどは望むべくもありません．これでは教師が実践の主体者になることがで

きないし，教師としての育ちも阻害されてしまいます．

（4）実践のマニュアル化の傾向

アセスメントや教育評価に子どもの表面的な行動，測定可能な指標だけが用いられることは教育のマニュアル化とも深くかかわっています．

実践のマニュアル化には，「いつでも，どこでも，誰でも」同じ質の教育を提供するというねらいがあるのでしょうが，そもそも子どもたちは一人ひとりが違うのですから，マニュアル化はなじみません．さらに，教師集団による「共同としての実践」を解体し，教師ごとの「個の実践」へと変質させてしまうことは重大な問題です．「個の実践」は競争主義と親和性があり，教師たちが分断され，成果主義の競争に巻き込まれることになります．

以上のような傾向に陥ることなく，発達診断・アセスメントを教育実践に生かすために，私は日常的な実践を通した観察にもとづく子ども理解のための集団的な検討，教育実践づくりにあたっての集団的検討が重要だと考えます．

率直で真摯な実践検討は子ども理解と実践内容を豊かにしてくれます．授業を担当する教師同士の日常的な話し合いから実践報告をもとにした校内外での研究会での議論まで，さまざまな形での実践検討を通して，発達診断・アセスメントを教育実践に生かしていきましょう．

（文中の子どもは仮名です）

文　　献
猪狩恵美子・河合隆平・櫻井宏明編（2014）テキスト肢体不自由教育．全障研出版部．
茂木俊彦（2012）子どもに学んで語り合う．全障研出版部．
櫻井宏明（2005）肢体不自由の子どもたちとつくる教育(2)　重度の子どもを発達的に「見る」．みんなのねがい，455，pp.44 – 47．
白石正久（1996）発達の扉（下）．かもがわ出版．
田中昌人・田中杉恵（1982）子どもの発達と診断2──乳児期後半．大月書店．
田中昌人（1985）乳児の発達診断入門．大月書店．

3章　成人期実践と発達診断

白石恵理子

1　成人期の発達をとらえる意味

　知的障害等のある成人期の人たちに対し，福祉制度の利用等のためだけではなく，よりよい実践のあり方を探るために発達診断をすることが増えてきています．

　しかし，既成の標準化された発達検査の多くは，ちょうどその生活年齢を想定してつくられていることから，「身体的にも大きな人に対し，明らかに不釣り合いの小さな検査道具でよいのだろうか」「図版には幼児向けの絵が並んでいるけれども，この生活年齢で興味をもつ対象なのだろうか」という戸惑いは当然に起こりうることです．では，発達検査ではなく生活の中での姿から読み取ろうと発達の本をひもといても，そこに書かれていることは，やはり幼児期の姿であることが多く，目の前のなかまの姿と重なってきません．そもそも，長い人生を歩んできたその人のかけがえのない歴史を軽視してしまうような後ろめたさを感じることもあるかもしれません．一方，生活年齢だけを重視してなかまの姿をとらえると，「～ができない」「～が弱い」などと劣弱性ばかりが見えてきてしまいます．

　こうした戸惑いや懸念があるからこそ，そもそもなぜ発達をとらえるのか，発達保障ということの本質がより鋭く問われるのだと言えるでしょう．ここではまず，実践において発達をとらえることの重要な意味として，「本人目線で見る」ということを強調したいと思います．支援者として「よかれ」と思った支援であっても，本人にとってはどうなのでしょうか．本人は何に心を動かし，何を喜び，何を悲しみ，何に怒りを感じているのか，本当は何をねがっている

のかを実践の根幹に据えて支援のありようを考えなければ，職員の価値観を押し付けるだけになってしまいます．発達年齢や発達段階であらわされる特徴は，その人が外界や自分自身をどのように認識し，どのようにかかわろうとしているかを示すものです．それを知ることによって，上述したような「本人目線で見る」ための手がかりが得られるのだと考えます．

　成人期にある知的障害の人たちに対し，周囲の「おとなだから」という激励が本人を追い詰め，逆に「おとななのに」に容易に転化してしまうことがあります．そうならないためには，「普遍と特殊の関係を統一的にとらえる視点」が不可欠となります．発達的な普遍性や共通性をおさえたうえで，生活年齢のもつ固有性をとらえ，また普遍性に還元して考えるという往還的認識をくぐりぬけることによって，はじめて生活年齢や生活経験の蓄積のもつ意味も明らかにされると考えます．

2　発達保障とは

　幼児期や学齢期においては，具体的に目に見える形で「できること」が増えていくことが多く，そのことが本人の自由の拡大につながることから，保育・教育の目標も，直接的に発達におかれることが多くなります．したがって，障害のある子の発達をとらえること，発達診断をすることに違和感を抱くことはあまりないと考えます．ただし，幼児期や学齢期においても，「できる」ことだけで発達を狭くとらえ，保育・教育の目標を「できることを増やす」ことに矮小化するならば，本人の人格的広がりや精神的自由を妨げてしまいかねないことはさまざまに指摘されてきました．そして，そうした狭いとらえ方ではなく，発達や発達保障ということを根本的なところから照射してきたのが，ひとつは障害の重い人たちとその実践であり，もうひとつが成人期にある障害のある人とその実践であったと考えます．

　障害が重い人の場合，障害のない場合に1年かけて獲得していくことを，5年かけ，10年かけて獲得していく．そこには，時間をかけて獲得していったからこそのねうちがあります．多くの時間をかけ，周囲の人々や外界との関係を多様に構築していくことによって，誰と取り替えることもできない唯一無二の

人格価値をつくりだしていくのだと言えるでしょう.

　また，成人期になると，幼児期や学齢期と比べれば，目に見える変化はみられにくくなります．逆に，加齢に伴って「できていたことができなくなった」「時間がかかるようになった」という変化もあらわれてきます．そうした姿を「発達しない」あるいは「発達が後退している」とみてしまう前に，そこで語る発達がどのようなものかをあらためて問い直す必要があるのだと思います．たとえば，標準化された発達検査では，制限時間内で問題を解決できるかどうかをみるような課題があります．時間を意識しながら行動することが発達的に可能になる4歳ごろから増えていく課題です．こうした課題では制限時間をオーバーすると不通過になります．しかし見方を変えると，時間をかければ可能ということでもあるし，そうした時間が保障される生活のありようになっているのかが問われていると考えます．さらに言えば，私たち自身の発達観が「できるだけ早く　できるだけたくさん」をよしとするものになっていることに思い至るということがあるのではないでしょうか.

　障害のある人も，支援者も，家族も，誰もが，自分や社会へのねがいをもつ権利主体であるととらえ，ゆたかさや人間的価値を創造する可能性をもっていると認め合うことが発達保障の出発点です．そして，そのゆたかさや人間的価値は，一人ひとりがバラバラに切り離されていては見出すことができず，他者との多様で具体的な関係の中で，それぞれの主体的努力が少しずつ織りなされることによってつくりだされるものです．障害の重い人，そして成人期の障害のある人たちは，こうした発達保障の本質を常に照らし出してくれていると思います.

3　可逆操作は行動の基本単位である

　成人期の発達をとらえる際に「可逆操作の高次化における階層─段階」論に依拠することの意義の一つとして，「可逆操作」という行動の基本単位をとらえることがあげられます.

　人間は，自然や人間社会，文化遺産に能動的にはたらきかけ，新しい活動や産物を創出しつつ自分の本性を発達させていきます．外界に対し受身的に適応

を繰り返す過程ではなく，主体的に外の自然にはたらきかけ，外界を変革していきながら，自分自身をもつくり変えていく過程が発達です．可逆操作とは，こうした人間自然の基本過程を，「それ以上に分解 − 合成しないで，そこにみられる基本操作をもとに諸関係を分析 − 総合しようとするとき」（田中，1987）のカテゴリーと言えるでしょう．同じ発達段階であるとは，言い換えれば可逆操作特性が共通しているということであり，それは外界へのはたらきかけ方や取り入れ方，自らの内なる自然や内面のとらえ方に共通した特徴がみられるということです．

　障害の有無にかかわらず，その基本単位を安易に切り刻むことがあってはなりません．1歳半の発達の節を迎えると，自分の目的をもって外界にはたらきかけ，その結果をとらえて達成感や満足感に結びつけるプロセスが成立します．行動の単位を大切にするということは，「1歳半」の発達の段階であれば，本人が目的をもつところから結果を受けとめるところまでを一つのまとまりのある単位としてとらえ，それが生活の中でちゃんと実現していくような応援をするということになります．クツをはくという行為も，クツを足にあてる，足を入れる，手でひっぱるといった動作を機械的に繰り返させるだけで「クツがはける」ようになるわけではありません．「散歩に行きたい」「外に行きたい」といった行動の目的が生活の中につくられ，その目的を自らのものとしたときに「クツをはく」ことが意味をもち，そうして獲得した力であるからこそ，「クツをはけた自分が誇らしい」「もっとやってみよう」という新たな自己をつくりだすことができるのです．

　成人期の労働についても同じことが言えます．作業工程全体を見渡したり担ったりすることが難しい場合に「分業化」することがあります．しかし，工程を細かく刻んで分業化するだけでは，自分の労働の意味や目的が見出せず，自分の意思で外界にはたらきかける喜びは軽視され，結果的に外界や作業に人間が服従するという本末転倒になりかねません．どの発達段階にあって，どのような可逆操作を駆使して外界や自分自身と相互交渉しようとしているのか，その基本単位を明らかにすることは，機械的適応ではない主体的獲得，さらにいえば，一人ひとりが労働や生活の主体になりゆくにはどうしたらよいかを見出す一助になると言えます．

たとえば，ボルトの組み立てにおいて，それが何に使われるか，次にどうなるかということと切り離して，ただボルトやねじを回すことができるからということだけで，延々とその作業だけを担わせるということになっていないでしょうか．もちろんプロセスがちゃんとわかって，ボルトが何に使われるかも知っていて，そのうえで自分はこの部分を担うととらえられている場合は意味がちがってきます．しかし，一部分を担う方が簡単だから，その作業ならできるからというだけの理由で，目的から結果にいたるプロセスを分断し，一部分だけを反復させられるという仕事のあり方になっていないでしょうか．

4　発達は右肩上がりにきれいに進むものではない

　発達段階が高次化していくことは，幼児期や学童期ではあたりまえの姿であり，周囲も積極的に願うことです．しかし，成人期においては必ずしもそうならないことがあります．なぜなら，人が発達するということは，「できることが増える」という単純なプロセスではなく，古い自分を否定しながら新しい自分をつくり直していくという営みであり，とりわけ発達の質的転換期は，同時に「発達の危機」にもなるからです．生活年齢が高くなって，こうした質的転換期を迎える場合には，より過敏さを高めたり，周囲との摩擦を引き起こしたりしやすく，しかもそれが長期に続くため，表面的な現象のみで否定的に本人を見てしまうような誤った対応になると，不安定な行動を固着化させたり，人間関係の「もつれ」を強めることになりかねません．

　また，幼児期や学童期であれば，子どもの発達的変化に合わせて，子育てや家族関係も発達し拡大していきますが，親自身が高齢期になり，家族に多くの課題がある場合には，本人の発達的変化が家族関係を大きく揺るがし，家庭生活の基盤そのものを崩してしまうこともあります．2020年からのコロナ禍はそうした脆弱さをあぶりだした面もあると考えます．学童期までは要求も少なく，家庭内の生活で満足していた人が，成人期になって，生活空間を広げ，電車などに乗っていろいろなところに行きたくなっても，家族だけでその要求に応えることが難しくなることがあります．だからこそ，親や家族だけで抱え込むのではなく，社会的に発達を保障する必要があるのです．そしてそれは障害の有

無にかかわらず，誰にとっても必要なことです．

5　具体的事例から考える

　生活年齢が高いほど，発達におよぼす社会的要因はさまざまで，それが互いに絡み合うため，幼児期や学童期以上に，多様な視点・側面から発達を検討することが必要になります．成人期に限りませんが，検査から得られる数値のみで発達を判断したり，そこから単純に課題を導き出すことは厳に戒めなければなりません．発達診断をくぐって得られる知見と，職員が日々の実践を通して得た知見を相互に出し合い，深め合うことに大きな意味があるのです．いくつかの事例を挙げます．

（1）１次元可逆操作期前後にある「強度行動障害」のＡさん

　入所施設で暮らすＡさんは，大好きだった父の死去と自宅の転居がきっかけとなって，「激しいこだわりの嵐」を引き起こすようになりました．もともと飲むことが好きなのですが，水やコーヒーを求めて突進するため，扉のガラスを割り，結果的に相手を突き飛ばしたりと，自傷や他傷につながります．抑制がきかず，水中毒（低ナトリウム血症）で発作を引き起こすまで飲み続けます．水で濡れた服が気になって頻繁に着替えるようになり，ふとした拍子に衣服を破るようになり，そのうち，自分の服だけではなくほかの人の服までも破ってしまうようになりました．睡眠は乱れ，厳しい表情と，不快としか表現しようのない奇声を上げる行動が続きました．あまりの変化に呆然として，母親は「Ａがこわれた」としか言えませんでした．

　職員集団は討議を繰り返し，実践を見直していきました．はじめは，とにかくマンツーマンで彼について突発的な行動を止めること，日課や環境を整理していくことからでしたが，それでは対症療法にしかならないのではないか，結局「問題行動」に対峙しているだけではないかという投げかけがなされます．徹底して寄り添った職員をＡさんが拠り所にする姿が見え始めたころから，ほかの数人のなかまと一緒に新たな日中活動の班を立ち上げました．堆肥づくりと散歩を日課の柱とし，仕事場づくりからゆっくりと始めました．「自閉症の

人は変化に弱いから場所や日課を変えない」として活動や生活の幅を狭めていくのではなく，突然の変化を受け入れることは困難だけれども，一緒に活動や生活の中身を，時間をかけてつくっていけばいいのではないかと，大きく実践を展開させていったのです．

　Aさんは，話し言葉での目的や意味の共有が可能になる「1次元可逆操作」を獲得する過程で長年努力を重ねている人です．指さしや言葉で意思を表現するにはいたらず，相手の意図も言葉の意味レベルというより周囲の状況から感覚的に読み取ります．そのため，相手や周囲の変化にいっそう過敏になりやすいようです．また，発達診断では，積木を積むことや描画（なぐり描き）などにも取り組みますが，手元を見ることは少なく，周囲を不安そうに見続けることが特徴的でした．そのため，検査者や職員が彼の行為を賞賛しても，彼自身の中では自分のやった行為と結びつかないようで「もっとやりたい」思いにはいたりませんでした．

　日中活動の場に参加することで日課の軸ができてくると，加湿器から出る蒸気や，焚き火やバーベキューの煙，堆肥のにおいなど，好きな感覚世界をともに楽しむ職員やなかまにも目を向け始めます．とにかく"水"に向かって突進していたAさんに職員は，飲む時間を決めることと合わせて，「一緒に飲む」ことを大切にしていきました．彼は，「飲みたい」という要求を自覚することや，その要求を人に伝えること，そして「飲んだ」という満足感を味わうことが弱かったため，飲んでも飲んでも終わりのない悪循環になっていたのだと思います．上述した発達診断場面で見られた彼の特徴が，不安定な生活の中ではより全面に現れてしまっていたのでしょう．要求とは，何らかの形で自覚されることで実現に向けての努力が行われ，努力の結果，要求が実現することで満足感や達成感に結びついていくものです．Aさんの場合，一人で要求を自覚するような「間」をつくることが難しかったため，職員は彼と一緒にコーヒーメーカーでコーヒーを淹れ，毎日の散歩では公園の決まった自動販売機で缶コーヒーを買い，一緒に飲み，「おいしかったね」と共感することを毎日繰り返します．すると，Aさんは少しずつ待てるようになり，待てるようになることと比例するかのように，飲んだあとの満足感を表情に見せるようになっていきます．「もう終わりだよ」「また今度ね」といった声かけも受けとめるようになっ

ていきます．職員も，彼に対してきちんと要求ができるようになっていきまし
た．

　こうしたことは，Ａさんほど激しくなくても，なかまたちとのやりとりの中
でよくあることだと思います．さまざまな要求がエスカレートしてくると，
「どこまで要求を認めたらいいのか」と悩みます．しかし，身体に負担をかけ
ない水分量などを考える場合は別として，多くの場合「どこまで」という量的
なラインがあるわけではありません．本人にとって，その要求がどんな意味を
もっているのか，要求を実現することによって「うれしかった」「満足した」
という思いにつながっているのか，が問われるし，手応えを感じられるからこ
そ，少しずつ，自分の要求と折り合いをつけることが可能になっていきます．
そうしたプロセスが発達段階によって異なるのであり，Ａさんの場合には，そ
のプロセスを職員が一緒につくりあげることが必要だったわけです．

（2）自傷行為の激しかったＢさん

　知的障害と自閉症のあるＢさんは，「２次元形成期」に入りかけている人で
すが，集団や人との関わりが苦手で，仕事や活動に参加することが難しい時期
が長く続きました．険しい表情で「ムコウイットク」と言って仕事場から離れ
ていました．職員がそばにいすぎると緊張が高まり「タタイテイイヨ」と言っ
て，激しく自分の頭を叩き，さらにエスカレートすると，壁や床に頭を叩きつ
けることもありました．一方で，リラックスしているときは，職員と言葉のや
りとりを楽しんだり，歌を歌ったりします．

　Ｂさんは，少し離れたところから，いつも集団の動きを目で追っています．
しかし，職員と視線が合っただけで，「タタイテイイヨ」と自傷行為を始めて
しまうときがあります．自傷からそらすように「～しようか」と声をかけられ
ると，すぐにそちらをやろうとしますが，表情は険しくなります．

　職員は，Ｂさんにとっての生活や労働のあり方を何度も討議しました．労働
については，ワッフルを焼く新たなグループを立ち上げ，そこに参加すること
になりました．ワッフルづくりは，目的がわかりやすいだけではなく，卵を割
ったり，粉やバターを計量したり，生地をまぜたり，焼いたりと，一人では難
しいけれど職員と一緒にやれる工程がいろいろあります．また，一つの工程が

終わると適度な間が空くので，Ｂさん自身が気持ちを調整して向かいやすいことなどがよかったようです．しばらくすると，仕事場から離れることはなくなり，作業するペースを自分で調整しながら，準備から片づけまで参加するようになりました．そうした変化が現れてきたころから，職員が洗濯物たたみなどの手伝いを頼むと，「イイヨ」／「シナイヨ」とこたえ，自分で決められるようになりました．また，職員と視線が合うと，必ず何かを言わなければならないというような強迫性も見られなくなっています．

Ｂさんは決して人が嫌いなのではありません．人を求めながらも，人に巻き込まれてしまい，自分を見失ってしまいそうになるため，その不安感が「タタイテイイヨ」という自傷行為につながってしまっていたようです．情動的に高まり始めると，「〜しようか」という相手の意図に対して「する」「しない」と決める余裕もないまま「やらなければならない」になり，強迫的な姿を強めてしまいます．手先も不器用で，その不器用さを痛いほど自覚していることがますます作業への入りにくさにもなっていたようです．しかし，本当は人の役に立ちたいという発達要求をもっている人です．彼女たちのつくるワッフルが施設全体のおやつになり，「おいしかったよ」と言われることが，ちょっとうれしいＢさんになっていきました．

（3）期待と納得の中でのＣさんの姿

Ｃさんは，とても「おしゃべり」で，作業所に通所し始めたころの職員の印象は「明るくてしっかりしている人」でした．しかし，２年目以降，新しい環境に慣れ出したころに，腹痛や指の痛みを訴えるなど，気分のムラが目立ってくるようになります．周囲が見え始めたことで，自分の本当の要求に向き合うようになったようです．絆創膏を貼ることにこだわる日も多くなりました．行事や外出は大好きなので，職員は，楽しみな取り組みを目標にできたら意欲を出せるのではないかと考え，カレンダーを使って先の予定を伝えることにしました．しかし，期待ばかりが先行してかえって不安定になってしまいました．

21歳で行った発達診断では，「トラックの模倣」の際に，最初は積木を一列に並べてしまうものの，「軽トラックやで」の声かけで正しくつくり直すなど，自分の好きなことと結びついたイメージで空間認識を補う点が特徴的でした．

「折り紙Ⅲ」では，途中の工程を飛ばして，はじめから三角に折っていきます．数などの抽象的理解は難しく，自信がないので小さな声になり，視線をそらしてしまいがちです．「２次元形成期」の特徴である「…シテカラ…スル」という行動特徴をもっていますが，そのプロセスが近回りをしてしまうことが特徴的で，それが期待ばかりを先行させて，かえって不安定になってしまうことと結びついているようでした．

　職員は，先の楽しみがあればがんばれるのではないかと考えましたが，Ｃさんには「今，がんばっていること」がどのように先の楽しみにつながっていくのか実感がもてていませんでした．作業所内での喫茶当番で準備や洗い物をするのは嫌がりますが，作業所と家族会が一緒に行っているショップの店当番に行きたいと強く要求したことがありました．手洗いなどの習慣が不十分だったこともあり，職員は「作業所での当番をがんばらないとショップには行けないよ」などと励ましましたが，本人はどんどん頑なになっていきました．

　こうしたＣさんの姿から確かめ合ったことは，「○○をしたら△△に行けるよ」とか「○○をしないと△△には行けないよ」という，一見理にかなったように見える見通しのつくり方であっても，Ｃさんの中では，そのように結びついていないこと，「もっとショップに行きたいのに，なんで作業所で当番せなあかんねん」という気持ちになっていたのではないかということです．実際，職員が「楽しいことで意欲や達成感を高めたら，ほかのことでもがんばれるだろう」とゆったりと考えるようになってから，Ｃさんは苦手なことにも取り組むようになりました．こうした姿は，発達段階とも関わっていることです．「２次元可逆操作期」に入ってくれば，「○○をしたいから食事を早くすませよう」というような生活のつくり方が可能になりますが，「２次元形成期」に軸足を置いている場合には，「食事がすんだら○○だ」と期待はできても，「だから早く食べよう」にはなりにくいのです．「がんばったら，〜ができるよ」という励ましは，本人がそのことを自ら納得できたときには大きな力になります．しかし，そのつながりが理解できなかったり，本人の納得がないなかでは，かえって期待を妨げられ否定されているという思いにしかなれないこともあるのです．

　「２次元形成期」においては，目の前の具体的な活動を通して，具体的に目

の前にいる人との関係で手応えを実感しながら経験を積み上げていきます．その後Ｃさんは，ちょっと苦手なビーズ作業にはりきって挑戦するようになりました．理由は「姪っ子にあげるから」です．「姪っ子のため」「ショップに来るお客さんのため」．具体的に顔の見える関係の中で役立ちたい，自分から何かをしてあげたいという思いを強くもっているのであり，「仕事だから」「作業所だから」という抽象的な叱咤激励では，本人の納得に結びつかないこともあるのです．

（4）陶芸に生きがいを見出すＤさん

　Ｄさんはダウン症で，基本的な発達段階は「２次元可逆操作期」です．

　発達診断においては，「大―小」，「長―短」，性，「重―軽」など，外界を多様な二次元でとらえたうえで，「模様構成」では色と形の両次元に留意しつつ刺激図版と同じ模様を完成させるなど，二つのことを一つにまとめあげることができています．また，「人物完成」など描かれていない部分を指摘したり，５くらいまでの数選びや概括が可能であるなど，「見えない世界」をとらえていました．

　言語面でも，構音は不明瞭ながら「了解問題」の題意をとらえて答えたり，理由を答えたりすることが可能です．「電車に乗り遅れたらどうしますか？」の質問に「アルイテイクダケ」と答えたあと，続けて「カエリニ満員ヤッタラノラナクテ，カラッポノ電車ノッテカエル」と自らの経験にもとづいた会話の展開が見られることも特徴的でした．「お仕事は何をしているの？」「陶芸班デ人形…」「ほかにはどんなものを作っているの？」「オサラツクッテ…カビンモ」「いちばん作りたいのは何ですか？」「スキナノヲカイテ，オサラヲツクリタイ」などと，自分がしている陶芸の仕事について，どんなものを作っているのか，どんなものが作りたいのかを誇らしげに語る姿が印象的でした．

　Ｄさんが，本格的に陶芸に取り組んだのは作業所に来てからです．当初は電気部品の下請け作業に従事していましたが，軽度知的障害の人が多い集団だったこともあって，自分の言葉が伝わらないと感じてか，塞ぎ込んだり部屋のすみで泣いていたりが目立っていました．その後，陶芸班に週１回の実習から入っていくことになりましたが，そこでは，発達段階が似ている通所者が多いこ

ともあり，集団からはずれることは徐々に見られなくなっていきました．

　作業としては，「モノづくり」というより，粘土や水をかきまぜることを楽しんでいましたが，そのうち泥遊びや感触遊びでは飽き足らなくなり，卓上の手回しロクロに興味を示し始めます．ところが，ロクロを使おうとしても水分の多い粘土だと積み上がらず，思い通りにならないことにいら立ちを感じるようになります．粘土に触ることも拒むようになっていきましたが，そこには「ネンド，ウマクツクレヘン」という彼の葛藤がありました．職員は具体的な作陶指導も行おうとしましたが，Ｄさんはそれを受けとめるにはいたりませんでした．

　ところがある日，粘土を丸めて団子を作るようになり，またほかの通所者の作品を真似るように，その団子をつぶして平面的な「顔」を作り始めました．その後，しばらくは同じような「顔」を延々と作り続けていましたが，ある日，「その人形にお雛さんみたいに着物着せてみようか」という職員の言葉に，平面的だった「顔」が立ち上がり立体的な人形になります．陶芸展を見に行ったあとは，そこでの感動に触発されたように，器の表面に筋を入れて模様をつけるような新しい技（スクラッチ技法）も取り入れるようになり，バザーでの販売活動で，自分の作品が売れることによって，より自信を高めていきました．

　発達的に「２次元可逆操作期」にあるＤさんは，単に何かを作るだけではなく，自分なりのやり方を工夫し，新しい技を取り込みながら自分の世界を変えていきます．陶芸を通して，社会ともつながろうとしています．職員の直接的な指導は拒否しますが，少しまわり道をするように，作品展を見に行ったり，職員がほかの仲間の技を認めることで，彼は自分から次の世界に一歩を進めます．それは「反抗」や「頑固」ということではなく，自分で選び取っていくからこそ大きな誇りと自信になると気づいた職員の間接的指導とも言えます．彼の人形が売れ始めた頃，買った客から「グラグラして不安定，置いた場所に傷がつく」といったクレームがありましたが，そのことを指摘しても耳を貸しません．しかし，数か月の間，自分の作った作品を使うことで，机に傷がついてしまうことを実際に経験した結果，とてもていねいに底の仕上げをするようになっていきました．その背景には，どうしたら仕事がスムーズに進むかだけではなく，仕事や創作活動を通して一人ひとりが新たな自分づくりをしていくこ

とを応援しようとする発達保障実践があったと言えるでしょう.

　以上，4人のなかまたちの姿と実践から，成人期において発達をとらえることの意味を考えてきました.　次に，成人期の発達保障の実践において大切にしたいことを述べていきます.

6　生活の歴史を尊重する

　障害のある人を理解するときに，障害，発達，生活を切り離さず全体的に多面的にとらえることの重要性はよく指摘されることです.　そこでいう「生活」とは，今の生活のありようだけではなく，その人のこれまでの生活や教育の歴史，生育歴や教育歴などをも含みます.　一人ひとりの生活の歴史，経過の中で，「今」を見つめ，「未来」を考える必要があります.

　グループホームで暮らすある女性は，日中は同じ法人が運営する作業所に通っていますが，50歳台後半になった頃から，体力の低下や腰痛などの不調が現れるようになりました.　彼女は，軽度の知的障害をもっていますが，長い間，時代背景もあって「働かざるもの食うべからず」という強い価値観のもとで育てられ，そして働いてきました.　日中を支援する職員は「休日にしっかり休むこと」や「無理をしないこと」を勧めますが，それは彼女を支えてきた価値観を否定することになります.　休日も早くから起床し，掃除や洗濯をし，時間があればグループホームの前の道路を掃除します.　洗濯機をまわしている間，水の回転をうれしそうにジーッと見つめているほかのなかまの行為に目くじらを立てます.　それはますます身体への負担を強めることにもなります.　しかし，グループホームのキーパーが「ホットカーペットを温めておいたよ」と声をかけると，そこで少しゆっくりすごせるようになりました.　「ふとんを敷いて寝ましょう」は許せないけれど，ホットカーペットの上で過ごすことは受け入れる.　本人の健康を願っての正しい支援であったとしても，その人の歴史や価値観を頭から否定するものであってはいけない….　とても難しい課題ですが，試行錯誤をしながらも，そのことを模索していくことが真の支援と言えるでしょう.

7 ねがいや要求の内実は生活の質によって規定される

　発達をとらえる際，能力だけではなく，「ねがい」「希望」「要求」をとらえることがきわめて重要ですが，「ねがい」「希望」「要求」のつくり方や意識のされ方はその発達段階での外界との交流の様式や，自己，あるいは自分の行為の対象化の特徴によって規定される側面があります．同時に，具体的にどのようなねがいとして具現化するかは，その人の生活の質が問われるものです．同じように「2次元形成期」にあっても，幼児期の子どもたちは身近にいるきょうだいや友だちを見て，同じようにやってみたいという思いをつくるでしょう．「ぼくも高いところからぴょんと飛びたい」であったり，「私もお皿をピカピカにした（全部食べた）から，ちゃんとほめてね」であったりします．一方で，成人期障害者の場合，「私もあの仕事をやってみたい」「喫茶コーナーの担当をしたい」であったり，「グループホームで生活してみたい」であったりと，周囲の仲間たちの労働や暮らしの事実の中に，具体的な自分のねがいをつくりだしていくことになります．

　ただし，障害のある人の場合，これまでの歴史の中でともすると要求が眠り込まされてきた結果，残念ながら，自らの要求の主体になり得ていない場合もあります．あるいは，「自分でできることを増やす」という“自立”のみが強調されて育ってきた人の中には，「人の役に立つ」ことや，人と目的意識や達成感を共有することを経験してこなかったという場合もあるかもしれません．たとえば，聴覚障害と知的障害をもつある女性は，25歳になるまで，おしゃれなどにはまったく関心を示しませんでした．新たに通所し始めた作業所で，職員が彼女と一緒に女性雑誌を見たり，買い物に出かけるようになって，化粧やファッションへの興味が広がっていきます．障害があるがゆえに，その生活年齢にふさわしい文化に触れ合うことなく成人期を迎えている場合も少なからずあります．社会資源の不足や福祉制度の不備が，そうした障害の社会的側面を拡大させています．また，障害が正しく理解されずに，結果的に自己肯定感をはぐくめず，新たな要求を形成しにくくしている場合もあります．

　もちろん要求はすべて受け入れられるものではないし，個々の要求が常にそ

の人の生活や人生を真に豊かにしていくものとは限りません。しかし，自らの要求が実現していく手応えや実感を知っているからこそ，相手の要求に応える喜びや充実感も見出していくのだということを押さえておきたいと思います。

8 「問題行動」の発達的理解

「問題行動」とは，あくまでも現象であり，現象にどう対応するのかを議論するだけでは，いわば対症療法に終始することになります。行動の背景にある仲間のねがいや要求をどうつかむのかが鋭く問われると言えます。ある行動だけを取り出して問題にするのではなく，それがその人の生活全体の中でどういう意味をもっているのかということを考えなければなりません。たとえば，何かをするときに必ず，手をパンパンと叩いて，クルクルっと3回転ぐらいして目の前にあるものをこっちからあっちへと置き換える。それを3，4回行う…．その行動だけを取り出して，どういう意味があるのかを考えても何も見えてきません。しかし，生活全体の文脈において見ていくと，大好きなプールに入るなど自分の好きなことをするときの高揚した気持ちの表現かもしれないし，職員の要求を受けとめて何かをしなければならないとき，自分の行動を切り替えるときの調整方法かもしれない。あるいは，生活全体が不安定になっていて本人も混乱しているときの行動なのかもしれません。まるごととらえないと，その人のねがいや悩みは見えてきません。

まわりの関わり方が悪かったり，日課が合っていなかったり，聴覚過敏の人にとっては騒々しい環境だったりといった，種々の外的要因が原因になっていることも少なくありません。生活環境の変化，職員の異動，集団編制の変化などによって不安定になることもあります。とりわけ自閉症がある場合，こうした環境の変化に弱いと言われますが，新しい環境に入ってすぐの時期にはとくに混乱もなく，調子よくスタートできたように思えても，半年後や1年後から不安定になることもあります。はじめは，新しい環境をとらえることに大きなエネルギーを使っており，自分の思いや葛藤を示すだけの余裕がないのかもしれません。しかし，まわりが見えてくるころから，「本当はやりたくない」「もっと○○したい」という思いを種々の行動で表現するようになったり，何とな

くやっていた活動の意味を自分なりにさぐろうとして，それが「こだわり」と
なって現れたりすることがあります．また，成人期においては，そのライフス
テージで必然的に起こるさまざまな変化が「問題行動」の背景にあることも多
く見られます．きょうだいの結婚や出産，親の定年退職などにともなう家族関
係の変化，祖父母などに介護の必要が生じることでの母親の負担の増加，さら
には親自身の病気や体力低下は，どの家庭でも必ず起きてくることです．こう
した場合に，家族がギリギリまで"SOS"を出せずに抱え込んでしまうことの
ないよう，柔軟に対応できる施策やネットワークがどうしても必要です．

　また，発作や脳波異常をもっている場合の不快感，女性の場合には生理によ
る不快感や痛み，更年期での体調の変化など，生理的基盤に関わることが「問
題行動」の背景になっている場合が少なからずあります．こうした生理的基盤
だけではなく，自分で自分をつくり変えようとするがために，イライラしたり，
荒れたりすることもあります．そもそも，発達とは，古い自分をこわしながら
新しい自分をつくっていく営みであり，その過程においては，いわゆる「問題
行動」と言われる行動を誰もが見せると考えます．「人に伝えたい」「もっと上
手にしたい」という新たな発達要求が生まれても，始めからうまく表現したり
実現したりすることができないからです．「問題行動」だけに目を奪われたり，
「問題行動」の消失や軽減のみに実践の目標を狭めたりせず，おおらかな人間
的共感にもとづきながら，なかま一人ひとりのねがいや要求と切り結んで，生
活や活動を共有・発展させていくことが求められます．

9　集団の中で自分の価値を築く

　誰もが，かけがえのない人格を有しており，その人らしく自己実現していけ
る社会であってほしいと願います．しかし，この「かけがえのなさ」や「その
人らしさ」は，一人ひとりをバラバラに切り離したところで生まれてくるわけ
ではありません．他者との関係で，集団の中で，社会とつながってこそ，一人
ひとりの価値が意味をもってきます．

　それは，他者や集団に一方的に合わせることを求めるものではありません．
他者や集団と基本的に「対等」な関係をもてるからこそ，自分のねうちに気づ

くことができます．そのためには，自らの存在が集団の中で認められると同時に，なかま自身がまわりのなかまを「わかる」ことも必要になります．

　発達的に話し言葉の獲得段階で努力を重ねている人たちは，他者の事情を言葉で説明されても，すぐには理解できないかもしれません．しかし，みんなで散歩に出かける日々の営みの中で，自分のペースだけで歩いていた人が，ほかのなかまを待ってくれるようになる姿はよく聞かれます．また，一人ひとりにお茶を配るような関わりを通して，少しずつ「この人はこんな人やなぁ」と知っていき，いつのまにか自然に，集団としての「まとまり」や「雰囲気」ができてくることもあります．

　また，「2次元可逆操作期」前後になると，抽象的な理解が進むことと相まって，班，職場，家族などの「集団」という理解もできるようになり，その集団の中で自分はどういう位置や役割をもっているのかに敏感になってきます．集団で目的を共有し，目的に向かって努力し，「みんなでやったなぁ」と喜び合えるようにもなってきます．そこでは，自分の役割や居場所がつくられると同時に，他者の役割を知っていくことも必要となります．

　田中（2003）は，「集団が人間的な価値の生産性を高めることによって集団としてさらに存続，発展していくためには，集団の目標を達成すると共に，集団を構成する個々の人たちの諸要求を満たし，さらに個々の人たちが主体的な生産活動を通じて，その成果が自らと他の成員に還元されていくことによって人間の個性や主体性を発達させ，いっそう集団に対して価値の創造を行っていくことができるようになることが必要」「要求を育てることで集団が民主的な集団になっていく，自分や仲間に対する信頼性が互いに育っていく，そこに集団の発達がみられ」ると指摘します．

　一人ひとりをていねいに理解することは大切です．個別化やマンツーマン対応は，いちばんその人の思いや要求を受けとめやすいように見えますが，実はかえって，職員のまなざしや評価など他者視線に束縛される関係をつくりだし，主体性の発現や自己決定を妨げることもあります．「個別支援計画」作成においても，個人と集団という複眼的な視点でなかまの支援を考えることが大切でしょう．

10 職員集団として，語り合う

「問題行動」について述べましたが，実は最も大きな問題となるのは「問題行動」そのものよりも，それによってまわりの人間関係が分断されてしまうことでしょう．なかまが急に荒れや不安定な姿を見せたとき，担当職員だけで抱え込んでしまうと，互いにこだわりにこだわり合うような閉じた関係に陥りがちです．一時的にマンツーマンで関わる体制をとることもありますが，「自分が担当だから何とかしなければ」との思いは，なかまにゆったりと向き合うことを困難にし，職員自身をも追い詰めてしまいかねません．言葉での理解や表現が難しいなかまたちも，職員の思いや，自分に向けられるまなざしをとても敏感に感じ取っています．そういうときだからこそ，職員集団がより強く連帯することが大切であり，そのためには，日頃の職員集団のあり方が問われることになります．

新しい環境や周囲の人に安心・安全を感じることが何よりも必要とされる場合など，職員が全面的に受容することが必要なときがあります．しかし，いつまでも全面受容を続けるわけではありません．それはかえって，周囲への感受性やアンテナを鋭くさせてしまったり，依存性を強めさせてしまったりすることもあります．どこかで自分は相手とは異なる存在であることを理解し，同時に，自分の要求を自覚し，それを伝えようと努力すること，そうして「相談」し合えるような対等な「自─他」関係をつくりだせるようになることが必要です．しかしそのためには，全面受容の関係から少しずつ距離を置くような関わりが求められます．それは決して容易ではありません．「早く日課の流れにのせなければ」「集団に入れなければ」という焦りが，なかまに敏感に伝わってしまうこともあるでしょう．担当職員を拒否して，別の職員を求めることもあるかもしれません．発達的にも自分の要求を自覚し，自分の行動を自分の意図でつくりはじめようとしているときなどは，信頼関係のできた担当職員に対して，より「問題行動」とみられるような行動を頻回に見せることもあります．そのような場合に，担当職員だけで受けとめたり距離をおいたりすることはできません．必ず集団での関わりが必要になります．「ちょっと揺れるかもしれ

ないけれど，みんなで受けとめるからだいじょうぶだよ」と言える職員集団が
あるからこそ，実践を一歩進めることができると考えます．

　職員の労働条件が悪化し，職員集団として機能しにくくなると，自分の守備
範囲を守ることだけにきゅうきゅうとして，目の前のことしか見えなくなって
いく傾向を生み出しがちです．職員の視野が狭まっていくと，施設全体として，
職員集団として大切にしたい理念が見えにくくなります．それは結果的に，自
分の仕事の意味，労働の目的が見出せない，「誰のために，何のために」仕事
をしているのかがわからなくなる，一人で抱え込んでいる孤独感を増大させま
す．

　職員がバラバラの思いで，互いの共通認識もないままに実践を進めることは
なかまを混乱に陥れることになりかねません．しかし，だからといって，細か
いマニュアルをつくって機械的に対応や言葉かけを一致させればいいというも
のでもありません．職員みんなが同じ調子，同じタッチで関わることはなかま
にとっても常に「同じ顔」を求めることになり，職員にとってもそれぞれの個
性を生かし，自分で模索しながら自立的に実践を考える機会が奪われてしまい
ます．機械的に対応を一致させる方がはるかに簡単ですが，それは，管理に陥
る危険性をともないます．「管理」は，ひたすら安全だけを守る方向に実践を
狭め，なかまのねがいや要求を引き出したり，新たに挑戦したりすることを困
難にさせます．評価も一面的になりがちです．機械的な意思統一ではなく，実
践観や発達観を基本的に一致させながら，職員がそれぞれの個性や創造性を発
揮していくためには，互いに異なる意見を出し合い，時間をかけて論議し，学
び合っていくことがどうしても必要になります．発達診断で見られる姿はほん
の一面です．それぞれの立場でとらえ，感じているなかまの姿を話し合うこと，
それが，なかまの見方を一面的にせず，新たな可能性を見出すことにつながる
のだと思います．

　実践とは職員集団による創造です．なかまを主人公にした実践といっても，
その実践をつくりあげる主体はやっぱり職員なのです．なかまが新しい自分に
挑戦し，新しい自分をつくりだしていく，そのプロセスに自分が関われたとい
う実感と喜びに仕事のやりがいやかけがえのない価値を見出したという職員の
言葉に励まされます．実践に行き詰ったとき「今日の○○さんの笑顔，よかっ

たね」と言ってくれる先輩職員の一言が大きな励ましとなることもあります．なかまの発達保障とは，職員の発達保障でもあり，それはすべての人の発達保障につながっていきます．この仕事の意義にふさわしい社会的・制度的位置と条件がつくられることを強く願います．

文　　献

篠崎秀一（2009）サワコさんの笑顔をみたい．みんなのねがい，508，pp.42－44.

白石恵理子（2002）一人ひとりが人生の主人公．全障研出版部.

白石恵理子（2007）しなやかに したたかに 仲間と社会に向き合って．全障研出版部.

白石恵理子（2018）障害のある人の発達保障　成人期のなかまたちが教えてくれること．全障研出版部.

田中昌人（1987）発達保障の発理理論的基礎．田中昌人・清水寛編，発達保障の探求．全障研出版部，pp.141－179.

田中昌人（2003）田中昌人さんにきく──今日における発達保障の理論と課題．障害者問題研究，31(2)，pp.2－20.

山田宗寛・古日山守栄（2002）"自分らしさ"を引き出す青年期の教育と実践──高等部と作業所をつないだSさんの事例から．人間発達研究所紀要，15，pp.54－70.

おわりに

　2009年に刊行された『教育と保育のための発達診断』は23刷を数え，この本をテキストとする「教育と保育のための発達診断セミナー」（特定非営利活動法人・発達保障研究センター主催）は，全国17ヵ所，4000人近い参加を得てきました．「はじめに」で述べたように，この度，旧版を改めて二分冊化し，上巻の副題を「発達診断の基礎理論」として刊行することになりました．

　旧著でも「序章」であった第Ⅰ部「子ども・障害のある人たちの権利と発達保障」は，まずお読みいただきたいテーマと内容です．子ども期の固有の価値と子どもの権利，学習・教育権，そして発達への権利が国際的合意となってきた歴史において，人権保障のたたかいと発達の探究が結びあい，大きな役割を果たしたことをご理解いただけるでしょう．この章で取り上げられた糸賀一雄は，1946年に開設した近江学園の黎明期に，次の言葉を残しています．

　「個人も社会も，その行くべき高き価値のめあてを指して，時に消長はあっても，常に現実を踏台として而も現実に反逆しながら，全体として向上して行くと見る『発達』の概念に私は敬意をおしまない．それは極めて健康なリンゴの様な頬をした若々しさにみちた思想である．此の場合，個人は十八世紀の頃に述べられたような抽象的な孤立した個人ではなく，社会にまもられながら社会の成員としてこれに奉仕しつつ，而も社会の発達を促がす推進力であることによって自己も亦発達するような，そういう具体的な個人を指していることはいうまでもない」（『南郷』1951年4月．『糸賀一雄著作集 Ⅰ』日本放送出版協会，1982年，109ページ）．

　この文が公にされた1951年は，敗戦から6年，近江学園の設立から4年半の時点であり，朝鮮戦争と東西冷戦激化のさなかにありました．糸賀が「発達」

に込めたのは，生命，自由，基本的人権を奪う戦争を二度と起こさないために，かつての封建的専制国家と決別し，人間の生命，自由，基本的人権が守られる民主的国家を建設することへの強い意志でした．その糸賀にとっての発達は，かけがえのない生命をもった一人ひとりの存在が，人間としての本質をその人らしく発現させ，自己実現していくことであり，その一人ひとりの発達が新しい社会の推進力となり，そうなることによって，個人としての発達が無限に豊かになっていくという，個人と社会の発達がかたく結ばれるものでした．

　糸賀は同じころ，「自覚者こそ，世界の平和に対する責任者であります」（1950年11月堅田教会講壇．『福祉の道行——生命の輝く子どもたち』中川書店，2013年，78ページ）という言葉を残しています．召集と病による除隊を経験し「生き残った」糸賀が，自身の「戦争」を語ることは多くありませんでした．しかし，近江学園の建設そのものが「戦争への反省」であるとし，生命の守られる新しい社会建設の試みになることを，同志とともに決意していたのです．

　近江学園に多くの人材と志が集い，発達の道すじの研究と実践のなかから「発達保障」の理念を掲げたのは1961年のことでした．「すべての，文字どおりすべての人の生命が，それ自体のために，その発達を保障されるべきだという根本理念を現実のものとする出発点に立ったことなのである」（『この子らを世の光に』柏樹社，1965年，298ページ）と糸賀は記しています．

　それからの半世紀，国連の「子どもの権利条約」は，生命，生存，発達を子どもの基本の権利として謳い（第6条），「障害者の権利条約」は，「障害のある人が，その人格，才能，創造力並びに精神的及び身体的な能力を可能な最大限度まで発達させること」（第24条，教育の権利）と定め，わが国もこれらを批准しました．その歴史に，あらためて「発達保障」の理念の先覚性を想います．

　しかし今，この「発達」を新しい権利としてわが国に息づかせていくことの困難を認識せざるをえません．本年（2022年），「子どもの権利条約」の批准から28年を隔てて漸く，「こども基本法」が成立するに至りましたが，「児童の権利に関する条約の精神にのっとり」としながら，権利と明記すべき「発達」を意図的に「成長」に置き換えたり並列する条文になっています．成長は，自然状態での変化であり，目に見えて現れ出るものです．発達は潜在的可能性であ

り，その実現は，人間の社会と教育のあり方，そしてそれらをよいものにして
いこうとする人びとの力に依存しているのです．残念ながら，子どもを発達の
権利主体として尊重することへの政府与党の消極的な姿勢は，子どものための
予算を先進国中の最低水準に貶めている事実に現れています．

さらに大戦への反省に立ち，対話によって対立を乗り越え，核廃絶，軍縮と
平和を主導すべきわが国が，新自由主義，国家・民族の対立を煽る排外主義に
よって理性と主体性を奪われている現実は，改めていかなければなりません．

そういった今，子どもや障害のある人の発達への願いに心を寄せ，発達の本
当の意味を問い，人間の生命と潜在的可能性が光として輝く発達保障の時代へ
の思いを込めた本書が，ささやかな試みではありますが，ふたたび多くの読者
のみなさんの机上に長く置かれるものになることを願っています．

さて，旧版と同様に本書の執筆者の多くは，近江学園において発達研究の道
を拓いた田中昌人・田中杉恵の両先生に，大学教育のなかで発達理論と発達診
断の指導を受けた者です．新版である本書は，その同窓の指導を受けたいわば
「二世」の研究者，発達保障の理念のもとで療育や教育に関わってきた実践者
にも参加していただき，完成させることができました．

編集実務を担ってくださった全障研出版部の梅垣美香さん，印刷・製本を担
ってくださった株式会社光陽メディアのみなさんに，心よりの感謝を捧げます．

2022年8月9日

長崎原爆忌に　　白石　正久

本書のいくつかの章は，旧著『教育と保育のための発達診断』および全障研出版部の
『障害者問題研究』の以下の章，論文を発展させたものです．

『教育と保育のための発達診断』全障研出版部，2009年
玉村公二彦　序章「子ども・障害のある人たちの権利と発達保障 —国際的合意として
　　の『発達への権利』の実現と発達診断—」11 ～ 31ページ．
白石恵理子　第Ⅱ部 第1章「発達と生活年齢」180 ～ 203ページ．
小原佳代・西原睦子・高橋真保子　第Ⅱ部 第2章「乳幼児期における発達相談の役

　割」204 ～ 225ページ.

『障害者問題研究』第41巻第3号，2013年
白石正久「重症児の発達診断についての実践的研究」34 ～ 41ページ.

『障害者問題研究』第44巻第2号，2016年
白石恵理子「『1歳半の節』と発達保障」82 ～ 89ページ.
別府哲「自閉スペクトラム症と1歳半の節」98 ～ 105ページ.

編　者

白石恵理子　しらいし えりこ
1960年，福井県に生まれる
滋賀大学教育学部

白石正久　しらいし まさひさ
1957年，群馬県に生まれる
龍谷大学名誉教授

本書をご購入いただいた方で，視覚障害により読むことが困難な方のためにテキストデータを準備しています．ご希望の方は全国障害者問題研究会出版部までお問い合わせください．

新版 教育と保育のための発達診断 上　発達診断の基礎理論

2022年 8 月31日	初版第 1 刷発行	定価はカバーに記載
2024年 6 月 1 日	第 3 刷発行	

編　者　白石 正久・白石恵理子

発行所　**全国障害者問題研究会出版部**
　　　　〒169-0051
　　　　東京都新宿区西早稲田2－15－10西早稲田関口ビル4F
　　　　電話（03）5285-2601　FAX（03）5285-2603

印刷所　（株）光陽メディア

ISBN978－4－88134－036－3